Frank Parkinson
Traumatische Störungen überwinden und heilen

Vielseitig befreiend – Ratgeber von Oesch

Gerald G. Jampolsky
Lieben heißt die Angst verlieren
10. Auflage

Ingo Jarosch
Die sanften Künste
Das Geschenk Asiens – Harmonie, Körpererfahrung, Kraft und Entspannung. Neu!

Dr. med. Christa Keding
Gesund durch analytische Kinesiologie
Der Muskeltest als Brücke zu ganzheitlicher Heilung
5. Auflage (Jopp-Programm)

Dr. med. Christa Keding
Gesund durch psychologische Kinesiologie
Die Kraft der Psyche als Tür zur Heilung. 5. Auflage (Jopp-Programm)

Prof. Dr. med. Boris Luban-Plozza / Günter W. Amann-Jennson
Schlaf dich gesund!
Neue Wege der Entspannung und Streßbewältigung. 10. Auflage

Norman Vincent Peale
Die Kraft positiven Denkens
Der Weltbestseller in ungekürzter Jubiläumsausgabe

Shirley Trickett
Endlich wieder angstfrei leben
Selbsthilferatgeber gegen Angst, Depressionen und Panikattacken
5. Auflage

Anders Weber
Autogenes Training – eine Lebenshilfe
Seine Geheimnisse verstehen und im täglichen Leben entspannt anwenden. 2. Auflage

In Ihrer Buchhandlung, Versand- und Internetbuchhandlung

Aktuelle Programminformationen:
www.oeschverlag.ch

Frank Parkinson

Traumatische Störungen überwinden und heilen

Gefühle ausleben – Ängste bewältigen:
Ratgeber zur Selbsthilfe für Betroffene, Angehörige
und medizinisches Fachpersonal

Aus dem Englischen von
Ingrid Kernleitner und Erna Tom

Oesch Verlag

Die englische Originalausgabe erschien 2000
unter dem Titel *Coping with Post-Trauma Stress*
bei Sheldon Press SPCK, London
Copyright © 2000 by Frank Parkinson

Alle Rechte vorbehalten
Nachdruck in jeder Form sowie die Wiedergabe
durch Fernsehen, Rundfunk, Film, Bild- und Tonträger,
die Speicherung und Verbreitung in elektronischen
Medien oder Benutzung für Vorträge, auch auszugsweise,
nur mit Genehmigung des Verlags

© der deutschsprachigen Ausgabe by Oesch Verlag AG, Zürich 2003
Umschlagfoto: PRISMA, Zürich
Druck und Bindung: Ebner & Spiegel, Ulm

ISBN 3-0350-0024-7

Gern senden wir Ihnen unser Verlagsverzeichnis:
Oesch Verlag, Jungholzstraße 28, 8050 Zürich
E-Mail: info@oeschverlag.ch
Telefax 0041/1 305 70 66 (CH: 01/305 70 66)

Unser Programm finden Sie im Internet unter:
www.oeschverlag.ch

Inhalt

Einleitung 7

1. Was ist posttraumatische Belastung? 11
Eu-Streß 13
Dys-Streß 14
Was ist ein traumatisches Erlebnis? 16

2. Wer ist von posttraumatischen Belastungen betroffen? 27
Die unmittelbar Betroffenen 27
Partner und Familie 31
Die Profis: Rettungsdiensthelfer, Polizisten,
    Feuerwehrleute 36
Der allgemein Interessierte 38

3. Körperliche Reaktionen und Symptome verstehen 45
Physische Reaktionen 53

4. Seelische Reaktionen und Symptome verstehen 67
Psychische Reaktionen 69
Posttraumatische Belastungsstörung 79

Inhalt

5. Mit posttraumatischer Belastung leben 87
  Opfer/Überlebende 87
  Direkt oder indirekt Betroffene 93
  Auswirkungen auf Beziehungen 96
  Partner 99
  Kinder 101
  Fachpersonen 105

6. Mit sich selbst zurechtkommen 111
  Was, wenn ich verletzt worden bin? 112
  Verarbeiten und bewältigen 113
  Das Trauma verstehen 114
  Die Reaktionen verstehen lernen 117
  Die Ursachen für die Reaktionen verstehen 118
  Gedanken und Glaubenssätze verstehen 129
  Zusammenfassung 135

7. Mit dem Partner oder der Partnerin zurechtkommen 139
  Allgemeine Ratschläge 141

8. Hilfe und Selbsthilfe 157
  Selbsthilfe 157
  Hilfe am Arbeitsplatz 160
  Hausarzt und Krankenhaus 161

Anhang
  Nützliche Adressen 163
  Weiterführende Literatur 174

Einleitung

Leiden Sie unter Symptomen, die mit einem Erlebnis oder einem Vorfall in der Vergangenheit zusammenhängen? Haben Sie deshalb das Gefühl, daß etwas mit Ihnen nicht stimmt? Leben Sie mit einem Partner, einer Partnerin oder arbeiten Sie gerade mit einem Menschen, der eine traumatische Erfahrung gemacht hat? Vielleicht lieben Sie diesen Menschen, denken jedoch, daß sein Verhalten schwer zu ertragen oder diese Person schwierig ist? Oder sind Sie in einem helfenden Beruf oder bei einem Rettungsdienst tätig? Stoßen Sie bei Ihrer Arbeit regelmäßig auf traumatische Situationen, und machen Sie sich darüber Gedanken, wie Sie oder Ihre Kollegen damit zurechtkommen? Haben Sie in den Medien von Unfällen oder Katastrophen und deren möglichen Auswirkungen auf den einzelnen oder eine Familie gehört und wollen Sie mehr darüber wissen? Arbeiten Sie in einer Beratungsstelle, sind Sie Seelsorger, ehrenamtlicher Helfer oder einfach jemand, der sich für das Thema Trauma interessiert? Vielleicht sind Sie auch der Ansicht, daß Reaktionen auf traumatische Erlebnisse nicht normal sind und daß etwas mit Ihnen oder mit denjenigen, die darunter leiden, nicht stimmt?

Möglicherweise stecken Sie im Augenblick in einer solchen Phase, haben aufgrund eines Erlebnisses einen Schock

Einleitung

erlitten oder sind durch ein Ereignis so aus der Bahn geworfen worden, daß Ihre Welt aus den Fugen geraten ist und Sie sich keinen Rat wissen. Mit Ihrem Partner oder einem Freund darüber zu sprechen, sich die Dinge vom Herzen zu reden, kann Ihnen helfen, aber es ist oft nicht einfach, dies richtig zu machen. Ist es Ihnen schon mal passiert, daß Sie über etwas sprachen und feststellen mußten, daß der andere nicht nachvollziehen konnte, was Sie durchgemacht und wie Sie sich dabei gefühlt haben? Vielleicht glauben die anderen auch, daß Sie zu schwach sind, um damit umgehen zu können, und deswegen ist es Ihnen lieber, sich keinem anzuvertrauen, und Sie leiden lieber im stillen.

Aber was geschieht, wenn Sie Ihre Gefühle unterdrücken und verdrängen? Gefühle haben die unangenehme Eigenschaft, gerade dann ans Tageslicht zu drängen, wenn es für Sie am ungünstigsten ist oder wenn Sie geglaubt haben, diese überwunden zu haben. Verdrängte Gefühle treten in Form von Zorn, Wut, Frustration und Depression zu Tage. Haben Sie schon mal bedacht, daß der einfachste Weg, darüber hinwegzukommen, vielleicht die Konfrontation mit dem Geschehenen ist? Die Erfahrung, die Sie gemacht haben oder gerade durchleben, ist jetzt ein Teil Ihres Lebens. Es ist nicht ganz einfach, aber Sie können einen Punkt erreichen, an dem zwar immer noch schmerzhafte Erinnerungen auftauchen, die Zerstörungskraft dieser Erinnerung aber gebrochen ist und das Erlebte erträglich wird. Sie sind dann in der Lage, mit dem Erlebten umzugehen, und es ist Teil Ihrer selbst geworden. Sie werden darüber hinweg sein, wenn Sie das Erlebte nicht als einen zu meidenden Feind, sondern als einen Feind betrachten, dem Sie sich gestellt haben. Wenn

Sie sich die folgenden Dinge vor Augen führen, können Sie damit erfolgreich sein:
- Sie müssen begreifen, daß das traumatische Erlebnis die Ursache für Ihr seltsames Verhalten ist
- Sie müssen verstehen, was mit Ihnen geschieht und warum
- Denken Sie daran, daß Ihr Verhalten normal und natürlich ist
- Versuchen Sie nachzuvollziehen, welche Wirkung Ihr Verhalten auf die anderen in Ihrer Umgebung hat
- Eignen Sie sich Bewältigungsstrategien an
- Suchen Sie Hilfe, falls Sie diese benötigen, und nehmen Sie sie an

Sollten Sie einen Partner haben, der solche Symptome zeigt, wissen Sie sich im Moment vielleicht keinen Rat. Es ist jedoch möglich zu helfen, wenngleich es richtige und falsche Strategien gibt. Es ist kein aussichtsloses Unterfangen, traumatische Erlebnisse zu bewältigen, obwohl der Weg steinig und beschwerlich sein kann, aber durch Verständnis und Mitgefühl kann man den Umgang mit traumatischen Erlebnissen erlernen. Dieses Buch kann Ihnen dabei helfen, aber erwarten Sie bitte keine vollständige Antwortensammlung, und lassen Sie sich nicht zu dem Glauben verleiten, daß Sie nach der Lektüre des Buches »geheilt« seien. Traumatische Erlebnisse sind nicht vergleichbar mit Kinderkrankheiten. Um wieder zu genesen, müssen Sie bereit sein, das Erlebte aufzuarbeiten und es damit Teil Ihrer Persönlichkeit werden zu lassen. Ihr tägliches »Mantra« sollte deshalb das folgende sein:

Einleitung

»*Ich hatte ein traumatisches Erlebnis. Ich kann mich diesem Erlebnis stellen, kann mit dieser Erfahrung leben, sie wird mich nicht zerstören. Ich bin weder schwach noch bemitleidenswert, sondern ich werde dieses Erlebnis meistern.*«

1. Was ist posttraumatische Belastung?

Was ist posttraumatische Belastung? »Post« bedeutet »nach«, und »Trauma« stammt von dem griechischen Wort »verletzen, verwunden« ab. Im medizinischen Zusammenhang verwenden wir die Bezeichnung »Trauma« entweder für eine körperliche Verletzung, für Nachwirkungen infolge eines Unfalls oder einer Operation sowie für einen Gefühlsschock mit anhaltenden körperlichen oder seelischen Auswirkungen. »Posttraumatisch« bezieht sich deshalb sowohl auf die körperlichen als auch auf die psychischen Folgen eines traumatischen Erlebnisses. Nachwirkungen können jedoch bereits vorher, während und nach einem traumatischen Ereignis auftreten. Wenn Sie jemanden auf sich zukommen sehen, der die offenkundige Absicht hat, Sie anzugreifen und zu überfallen, dann können Sie sich vornehmen, ruhig und gelassen zu bleiben, was Ihnen unter Umständen hilft, Ihr Leben zu retten und später damit zurechtzukommen. Sie können jedoch genausogut anfänglich Angst haben, dann ungläubig erstarren und, wenn alles vorbei ist, einen Schock erleiden. Ebenso können Sie von Anfang bis Ende vor Schreck starr sein. Ist das traumatische Erlebnis erst einmal vorbei, können die Reaktionen und Symptome nur zeitweise auftreten, von kurzer Dauer sein, und Sie denken vielleicht: »Mit mir ist wieder alles in Ordnung.« Die Nachwirkungen können aber auch anhaltender Natur sein, sich verstärken oder sich verändern. Mit der Zeit verlieren sie allerdings ihre Kraft, und eines Tages gehört der Vorfall der Vergangenheit an, mit der Sie leben können; Sie werden sich an bestimmte Dinge erinnern und Gefühle wieder durchleben, aber diese machen Ihnen nicht mehr zu schaffen. Manchmal wiederum können solche Gefühle hartnäckig sein und sich nicht vertreiben lassen. Inzwischen fragen Sie sich: »Was ist nur los mit mir?« Sie werden immer wieder von schrecklichen Erinnerungen geplagt, und das Erlebnis besitzt einen riesigen Einfluß auf Ihr Alltagsleben. Vielleicht haben Sie sogar das Gefühl, falsch reagiert zu haben. »Ich war wie versteinert, als dieser Mann sein Gewehr auf mich richtete. Ich fühle mich noch immer wie gelähmt und weiß, daß das nicht gut ist.« Es ist aber normal, sich zu ängstigen, wenn jemand ein Gewehr auf einen richtet, und es ist auch normal, daß die Auswirkungen bis zu einem gewissen Grad anhalten.

Das Wort »Belastung« zu definieren ist nicht ganz einfach. Es kann zum einen die auf eine Sache ausgeübte Kraft oder Spannung bedeuten, die dazu führt, daß ein Gegenstand sich biegt oder bricht. Es kann aber auch den auf einen einzelnen, eine Gruppe, Familie oder Gemeinschaft ausgeübten mental oder physisch zerstörerischen Druck bezeichnen. Manche Menschen glauben nicht, daß es für starke Persönlichkeiten Belastendes gibt, während Streß für andere die natürliche Reaktion auf eine Katastrophe oder einen schrecklichen Vorfall ist. Inzwischen hat es sich bewährt, von zwei Arten von Streß zu sprechen: »Eu-Streß« und »Dys-Streß«.

Eu-Streß

Die griechische Vorsilbe »Eu« bedeutet soviel wie »gut, positiv« und wird in Wörtern wie »Euphorie«, »Euphonium« und »Eulogie« verwendet. »Eu-Streß« bedeutet demnach »guter Streß«, etwas, was wir schon allein dadurch erfahren, daß wir leben. Ihr Herz schlägt, pumpt das Blut durch Ihre Adern, Sie atmen, Ihr Verdauungsapparat arbeitet, und all das geschieht ganz von selbst, denn Ihr vegetatives Nervensystem steuert all diese unterschiedlichen Vorgänge im Körper. Selbst im Schlaf oder wenn Sie unter Narkose stehen, funktioniert die Blutzirkulation, und der Körper verspürt Streß. Dazu kommen die täglichen körperlichen und seelischen Belastungen durch Beziehungen, Arbeit und alles, was um Sie herum passiert. Wenn Sie im Fernsehen die Nachrichten anschauen, kann es passieren, daß Ihr Blutdruck steigt, Sie können sich aufregen oder Glück empfinden, Sie können unruhig, ängstlich oder sogar zornig werden, je nachdem, was Sie gerade anschauen. Sie stehen unter Streß, und das ist normal. Eu-Streß versetzt uns in die Lage, in einer Achterbahn freudig und aufgeregt zu sein, zornig zu werden, wenn uns jemand mißbraucht, Furcht und Angst zu durchleben, wenn wir uns einen Horrorfilm anschauen, und sicher im dichten Verkehr zu fahren.

Jeden Tag erleben wir, wie unser Streßpegel sich hebt und senkt, doch wir können in der Regel ein ganzes Leben lang gut damit umgehen, auch wenn wir zeitweise sehr großem Streß unterworfen sind. Wenn wir uns verlieben, durchleben wir eine ganze Reihe unterschiedlicher und überwältigender Gefühle: Glück und Freude wechseln sich ab mit großer

Angst und tiefer Trauer. Starke Gefühle sind jedoch im Regelfall die angemessene Reaktion auf Streßsituationen. Ohne adäquaten Zorn könnten wir mit den Unannehmlichkeiten und Ungerechtigkeiten des Lebens kaum fertig werden, und die anderen hätten leichtes Spiel mit uns. Wenn wir uns aber zu sehr aufregen, kann es zu einem Schlaganfall kommen. Schuldgefühle führen dazu, daß wir »Verzeihung« sagen und die Dinge wieder in Ordnung bringen, extreme Schuldgefühle können jedoch zu Selbstmord führen. Streß läßt sich am besten mit der Quecksilbersäule in einem Thermometer vergleichen – der Pegel kann steigen und sinken. Manche Erlebnisse stimulieren, andere deprimieren, aber man wird damit fertig. Fallschirmspringer, Kletterer und Extremsportler lieben hohe Streßpegel und die damit verbundene Angst und Aufregung. Selbst ein hohes Maß an Streß kann für diese Menschen noch positiver Streß sein. Aber manchmal erreicht der Streß einen Punkt, an dem die Reaktionen zunehmend beunruhigend werden und die Fähigkeit, damit umzugehen, bedroht oder verringert ist.

Dys-Streß

»Dys« und »Dis« sind zwei Vorsilben, die auf etwas Negatives oder eine Störung hinweisen. Sie kommen vor in Wörtern wie »Dystonie« (Muskelstörung) oder »Disput« (Streitgespräch). »Dys-Streß« bedeutet schlechter Streß bzw. Streß, der uns beeinträchtigt und den wir als unangenehm empfinden. Klettert die Säule im Streßthermometer über einen bestimmten Punkt, wird Eu-Streß zu Dys-Streß, und die körperlichen und seelischen Reaktionen verstärken sich. Man kann nichts dafür und nichts dagegen tun, es passiert von ganz alleine. Plötzlich schlägt das Herz schneller, man fängt an zu schwitzen, die Muskeln sind gespannt, man hat Kopf- oder Magenschmerzen und verspürt eine Enge in der Brust. Manch einer leugnet das Problem, wird statt dessen gereizt und wütend, fühlt sich schuldig, ängstlich und verloren, hat Angst oder Panik, verliert sein Selbstvertrauen, macht Fehler und hat plötzlich Schwierigkeiten, Entscheidungen zu treffen.

Die aufgeführten Reaktionen sind alle natürlich und nur einige von vielen möglichen, die Ihnen widerfahren können. Hält der Dys-Streß an oder wird sogar noch stärker, kann es sein, daß Sie am Ende »ausgebrannt sind« oder einen Nervenzusammenbruch erleiden. Sie haben den höchsten Streßpunkt, den Sie bewältigen können, überschritten, und Ihr seelisches und körperliches System ist im Begriff, zusammenzubrechen. In der Regel kommt es jedoch nicht soweit, denn wenn wir spüren, daß etwas nicht stimmt, halten wir inne, gehen vielleicht nach Hause, ruhen uns aus oder betätigen uns körperlich. Selbst nach einem Nervenzusammenbruch schaffen wir es – nach einer Ruhepause und mit Hilfe unseres Arztes oder manchmal auch mit Medikamenten –, wieder auf die Beine zu kommen.

Der Punkt, an dem Eu-Sreß zu Dys-Streß wird, ist von Situation zu Situation und von Zeit zu Zeit verschieden. Manchmal gelingt es uns, mit unserem griesgrämigen oder unbeherrschten Kollegen gut umzugehen und ihn links liegen zu lassen, nur um tags darauf aus dem Häuschen zu geraten, weil wir es nicht mehr aushalten. Wie sind Sie bisher mit Streß in Ihrem Leben umgegangen? Sind Sie mit der Zeit mürbe geworden, oder hegen Sie auf alles und alle eine Wut? Wut hilft, mit schwierigen Menschen oder schwierigen Situationen zurechtzukommen, auch wenn andere Mühe haben, mit uns zurechtzukommen! Was tun Sie, wenn Sie in einem Geschäft oder in einem Restaurant unfreundlich behandelt werden? Ziehen Sie sich beleidigt zurück, oder setzen Sie sich für Ihre Rechte ein? »Hat es Ihnen geschmeckt?« Antworten Sie: »Danke, es war gut«, auch wenn der Teller kalt und das Essen ungenießbar war und Sie innerlich vor Zorn beben? Höflichkeit ist eine feine Sache, aber manchmal ist es richtiger, das, was man gerade fühlt und denkt, auch zum Ausdruck zu bringen und sich durchzusetzen, indem man seine Aggressionen dahin lenkt, wo sie hingehören, anstatt sie hinunterzuschlucken.

Wir haben nun zwei Arten von Streß kennengelernt, zum einen den gewöhnlichen Alltagsstreß und zum anderen den massiven Streß, der uns Angst macht. Akuter Dys-Streß kann durch ein traumatisches Erlebnis ausgelöst werden.

Was ist ein traumatisches Erlebnis?

»Posttraumatische Belastung« bezieht sich auf die Belastung oder besser gesagt auf den Dys-Streß, der infolge eines traumatischen Erlebnisses auftritt. Aber was verstehen wir unter einem traumatischen Erlebnis? Lassen Sie uns von vorne anfangen. Denken Sie jetzt nicht an große Ereignisse, sondern stellen Sie sich die folgende Frage: Was war meine erste traumatische Erfahrung? Schließen Sie jetzt die Augen und überlegen Sie, bevor Sie weiterlesen.

Was haben Sie vor Ihrem geistigen Auge gesehen? Vielleicht ist Ihnen etwas aus Ihrer Kindheit eingefallen, oder Sie haben an den Tag gedacht, an dem Sie überfallen, angegriffen oder beschimpft wurden. War es der Tag, an dem Ihr geliebtes Haustier gestorben ist, Sie in der Schule von Mitschülern geschlagen, am Arbeitsplatz erniedrigt wurden oder ein anderer Ihre Liebe zurückgewiesen hat? Haben Sie sich an einen Autounfall, eine schreckliche Ehescheidung oder an den Tod eines Elternteils oder eines nahen Angehörigen erinnert? Eine mögliche Antwort könnte sein: »Der Tag, an dem ich geboren wurde«, denn dieser Tag war für Sie und Ihre Mutter ein gleichermaßen belastendes und traumatisches Erlebnis – Freude über die Geburt eines Kindes, aber auch Schmerzen. Mit dem Heranwachsen kommen neue schmerzliche Erfahrungen hinzu. Sie bauten eine Beziehung zu Ihrer Mutter auf, und Sie und Ihre Mutter waren eine Welt für sich, bis Sie langsam bemerkten, daß es noch andere Menschen gab, die ebenfalls Aufmerksamkeit forderten: der Vater, Geschwister, ein immer größer werdender Familienkreis, Freunde und Fremde. Allmählich lernten Sie krabbeln und gehen, Sie entdeckten eine faszinierende und manchmal erschreckende Welt um sich herum. Und wenn es Ihnen zuviel wurde und Sie sich ängstigten, konnten Sie zurück zu Ihrer Mutter krabbeln oder laufen, denn dort fühlten Sie sich sicher. Irgendwann kam der Tag, an dem Sie zur Schule gehen und lernen mußten, wie man mit einer großen Gruppe fremder Kinder zurechtkommt. Die meisten von uns erinnern sich nicht mehr an diese Zeit, aber manchen ist sie noch deutlich in Erinnerung, und von ihnen wissen wir, daß dieses Erlebnis eine traumatische und sehr schmerzhafte Erfahrung im Leben eines Menschen sein kann. Auf dem Weg zum Erwachsenen machen wir noch eine Reihe von selbstverständlichen Erfahrungen: Schulwechsel, Pubertät, Schulabschluß, Universität oder Berufsausbildung. Bis dahin haben wir gelernt, wie man Beziehungen eingeht und wie man sie wieder löst, und wir haben den Schmerz erfahren, mit dem eine Trennung verbunden sein kann. Sicherlich waren Sie schon mal verliebt, vielleicht sogar verheiratet, hatten mehrere ernsthafte Beziehungen oder haben Kinder, oder Sie sind Single geblieben. Irgendwann werden wir älter, die Kinder verlassen das Haus, wir gehen in Rente oder Pension, unser Haar wird schütter, wir haben vielleicht Probleme mit dem Hören oder mit dem Laufen. Das Alter steht jetzt im Mittelpunkt, vielleicht beklagen wir gerade den Verlust unseres Partners oder müssen uns mit unserem eigenen Tod auseinandersetzen. Das ist der natürliche Zyklus des Lebens, er enthält eine ganze Reihe von Veränderungen, Verlusten und Herausforderungen, die allesamt traumatisch sein können. Jeder Schritt im Leben bedeutet Veränderung. In der Regel können wir uns allem Neuen anpassen und damit umgehen, vielleicht nicht immer erfolgreich, aber immer nach dem gleichen Muster:

Wachsen → Veränderung → Verlust → Anpassung → Bewältigung

Wachsen bedeutet Veränderung, Veränderungen bringen einen Verlust mit sich, und wir müssen uns anpassen, um damit zurechtzukommen. Ebenso wie der Streß ist jeder Verlust Teil des Wachsens und kann sowohl gut als auch schlecht sein. Wer heiratet oder eine enge Beziehung eingeht, verliert seine Unabhängigkeit, was jedoch – hoffentlich – ein positiver Verlust ist. Die Geburt eines Kindes kann großes Glück und Freude bedeuten, gleichzeitig aber den Verlust von Freiheit, denn die Eltern müssen sich nun um ein neues Lebewesen kümmern. Die Pubertät bedeutet den Verlust der Kindheit um den Preis des Erwachsenwerdens. Jeder Mensch verändert sich unaufhörlich bis zu seiner Todesstunde. Auch Sie sind nicht mehr der gleiche Mensch, der Sie am Anfang des Buches waren! Jedes Wachstum verheißt Veränderung, und deshalb sind Verluste natürliche und normale menschliche Erfahrungen, auch wenn manche sehr schmerzhafte Reaktionen auslösen können.

Verlust oder Veränderung können nach einem einzigen Ereignis eintreten, wie zum Beispiel nach der Entlassung vom Arbeitsplatz, oder auch eine über einen langen Zeitraum hinweg gemachte Erfahrung sein. Eine schwere Kindheit mit Eltern, die sich nicht kümmerten oder lieblos waren, kann verheerende Auswirkungen haben und bedeuten, daß man in seinem späteren Leben weder Liebe zu geben noch anzunehmen vermag und daß man Schwierigkeiten hat, stabile Beziehungen einzugehen und zu erhalten. Wenn bei Ihnen zu Hause Wut ein Tabuthema, ein Wutausbruch undenkbar war und nur der Satz galt: »In unserer Familie beherrscht man sich«, haben Sie möglicherweise Schwierigkeiten, sowohl mit Ihrer eigenen Wut als auch mit der Wut anderer zurechtzukommen.

Egal wie der traumatische Vorfall ausgesehen hat, ob

Was ist posttraumatische Belastung?

er nur einen kurzen Moment dauerte oder länger anhielt, immer taucht ein ähnliches Reaktionsmuster auf: Schock, Zorn, Depression. Schock tritt infolge von Veränderung und Verlusten auf und verwandelt sich ab einem bestimmten Punkt in Wut und Zorn. Man kann diese Gefühle ausdrücken oder unterdrücken, aber wenn sie besonders schmerzhaft oder schwer auszuhalten sind, können sie zu Trauer und Depression führen. Veränderung und Verlust sowie gute und schlechte Erfahrungen gehören zum Leben dazu, doch manche Erfahrungen sind traumatisch, weil sie in schmerzhaften Reaktionen enden.

Eine Definition von posttraumatischer Belastung ist folgende:

Die Entstehung von charakteristischen Symptomen infolge einer psychischen Belastungssituation, die das normale menschliche Erlebensspektrum überschreitet.

Man hat festgestellt, daß im Anschluß an viele verschiedene belastende Situationen ähnliche Reaktionen auftreten, insbesondere wenn der Vorfall nicht zum normalen menschlichen Erlebensspektrum gehört. Für die meisten von uns ist es kein normales menschliches Erlebnis, einen zerfetzten oder verbrannten Körper zu sehen, vergewaltigt oder überfallen zu werden oder bei einem Zugunglück oder Flugzeugabsturz dabei gewesen zu sein, weshalb diese Vorkommnisse außerordentlich belastend sind. Polizisten, Feuerwehrmänner und Rettungsdiensthelfer erleben solche Situationen sicherlich häufig. Von ihnen kann man hören: »Das gehört zu meiner Arbeit. Man lernt damit umzugehen.« Menschen, die täglich damit umgehen, entwickeln Bewältigungsstrategien, was aber nicht heißt, sie fühlten nichts mehr oder litten nicht unter ernstzunehmenden Reaktionen. Auch sie können einen Nervenzusammenbruch erleiden. Nicht alle reagieren gleich, doch jede Reaktion sollte man wie folgt einschätzen:

Als die normale Reaktion normaler Menschen auf nicht normale Ereignisse.

Beide zuvor genannten Definitionen werfen ähnliche Fragen auf. Was sind normale Reaktionen? Was ist ein normaler Mensch? Was ist ein nicht normales Ereignis? Wenn Sie ein außerordentlich beunruhigendes Erlebnis gehabt haben und jemand zu Ihnen sagt: »Beruhige dich, deine Reaktionen sind vollkommen normal«, antworten Sie vielleicht ziemlich wütend: »Meine Reaktion fühlt sich aber nicht normal an, sondern schrecklich.« Vielleicht wäre hier das Wort »natürlich« besser angebracht, denn Sie reagieren natürlich, auch wenn es nicht natürlich aussieht. Genauso kann man fragen, was ein nicht normales Erlebnis ist. Einen sterbenden Patienten in den Armen zu halten ist für eine Krankenschwester etwas Normales, trotzdem kann die Erfahrung – trotz vieler vorhergegangener Sterbefälle – immer noch sehr belastend sein. Der Krug geht so lange zum Brunnen, bis er bricht. Aber sind alle Ihre Reaktionen normal? Wenn jemand Sie ärgert oder wütend macht, wäre es normal, verärgert zu reagieren, es wäre aber nicht normal, diesen Menschen zu töten. Manchmal übersteigen bestimmte Ereignisse das eigene Bewältigungsvermögen, ungeachtet dessen, ob man solche Erlebnisse schon einmal durchgemacht hat oder darauf vorbereitet war.

Wir wissen also, daß das Leben aus einer Vielzahl von Ereignissen besteht, die mehr oder weniger belastend sind. Manche Erlebnisse sind schmerzhafter und belastender als andere, und einige können sogar das eigene Leben zerstören. Über die vorhersehbaren Ereignisse des Lebens hinaus gibt es traumatische Ereignisse, die erwartungsgemäß besonders belastend und aufwühlend sind. Folgende Ereignisse werden als traumatische Belastungssituationen eingestuft:

- Tödliche Unfälle aller Art, zum Beispiel ein Zugunglück, Verkehrsunfälle, Flugzeug- und Schiffskatastrophen
- Naturkatastrophen oder durch menschliches Zutun hervorgerufene Katastrophen
- Kriegs- und Kampfhandlungen
- Armut, Hunger und Krankheit
- schwere Unfälle aller Art
- Schießereien, Bomben- und Terroranschläge
- Geiselnahme
- Raubüberfall, Mordanschlag und andere Gewalterfahrungen
- Vergewaltigung, sexueller, körperlicher und seelischer Mißbrauch im Kindes- oder Erwachsenenalter
- häusliche Gewalt, Gewalt in der Schule oder am Arbeitsplatz
- bewaffneter Raubüberfall
- bedroht, gefoltert oder genötigt zu werden
- Zeuge eines schrecklichen Unglücks mit Leichen und verstümmelten Opfern zu sein

- Unruhen und Straßenschlachten
- schwierige und belastende Arbeit in einem Hilfsdienst im Ausland
- Fehlgeburten, Totgeburten und Abtreibungen
- Trauerfälle

Bis vor kurzem wurden Fehlgeburten, Totgeburten und Abtreibungen nicht als »belastend« eingestuft, aber inzwischen ist es unumstritten, daß diese Belastungen bei einigen Menschen zu schweren oder chronischen Symptomen führen können.
Es gibt noch weitere traumatische Erfahrungen, die für die Betroffenen verheerende Folgen haben können:

- Eheprobleme, Trennung und Scheidung
- adoptiertes Kind seiner Eltern zu sein
- Einbruch in Wohnung/Haus
- Verlust des Arbeitsplatzes
- Verletzung oder Angriff durch ein Tier
- Todesnachricht, Nachricht über schwere oder tödliche Krankheit
- dauerhafter Streit und Auseinandersetzungen mit anderen Menschen, insbesondere wenn diese mit Gewalt oder Wut verbunden sind
- Gefängnisaufenthalt

Es gibt Menschen, die die vorgenannten Ereignisse stoisch erdulden, während andere daran zerbrechen. Trennungen, Scheidungen und Abtreibungen kommen so häufig vor, daß manche sie für etwas Normales halten, das keine übermäßige Belastung darstellt! Sie sind vielleicht erleichtert, daß eine destruktive Beziehung zu Ende gegangen ist, und leben ihr Leben weiter. Für einen anderen sieht die Sache ganz anders aus. Auch wenn Sie die Trennung oder Scheidung wollen, empfinden Sie vielleicht Zorn-, Schuld-, Angst- und Versagensgefühle, können Selbstzweifel und Einsamkeit auftreten. In der Regel verstärken sich diese Symptome, wenn Kinder mit betroffen sind. Ähnliche Ereignisse haben auf unterschiedliche Menschen unterschiedliche Auswirkungen. Ich habe vielleicht einen ganz ähnlichen Autounfall wie Sie, wir mögen sogar im gleichen Auto sitzen, und trotzdem können unsere Reaktionen sehr verschieden sein. Der Verlust des Arbeitsplatzes kann eine niederschmetternde Erfahrung sein, obwohl Arbeitslosigkeit viele Menschen betrifft. So können die für Verlust und Veränderung typischen Symptome auftreten: Schock, Wut, Angst vor Ablehnung, Versagensgefühle und schwere Depression. Für manche Menschen sind diese Dinge ziemlich unbedeutend, und sie denken: »Das passiert nun mal, man muß eben das Beste daraus machen.« Ein anderes Verhalten würde als Schwäche oder als Mangel an Moral ausgelegt werden, wie dies den emotional erschöpften Bomberpiloten der Alliierten Luftstreitkräfte im Zweiten Weltkrieg passiert ist. Man sollte sich folgendes vor Augen führen:

»Wenn ich ein Ereignis als belastend erlebe, dann braucht mir niemand zu sagen, daß dies nicht so sein sollte. Es ist völlig gleichgültig, ob ein anderer damit fertig wird oder bereits fertig geworden ist oder nicht, denn ich bin nicht dieser andere.«

Was ist ein traumatisches Erlebnis?

Was ist ein traumatisches Erlebnis? Die Antwort lautet: Alles, was Sie als belastend erleben. Das kann durchaus ein winziger Vorfall sein, der nur kurz belastet, nicht sehr beunruhigend ist und dessen Symptome bald wieder verschwinden. Es kann aber auch eine große Katastrophe sein, die Ihr Leben und das vieler anderer zerstört. Und doch gibt es Menschen, die Streß und Trauma verleugnen.

In einem Seminar über posttraumatische Belastung und Trauma-Erfahrung habe ich einen pensionierten Polizisten, einen Riesen von einem Mann, kennengelernt. In der Kaffeepause am Nachmittag sagte er mir, daß er so etwas wie Belastung und Trauma nicht kenne. In den dreißig Jahren Polizeidienst, die hinter ihm lagen, habe er alles erdenklich Schreckliche erlebt, und dies habe ihn kein bißchen aus der Bahn geworfen. Die Gruppe fragte ihn, wie er denn besonders schwere Vorfälle bewältigt habe. Er antwortete, daß er manchmal nicht habe schlafen können und schreckliche Alpträume gehabt hätte. Die Gruppe fragte ihn: »Was haben Sie getan, wenn Sie wach im Bett lagen?«, und er antwortete: »Ich habe meistens mit meiner Frau bis zwei oder drei Uhr morgens darüber gesprochen.« Daraufhin fragte ihn jemand: »Und mit wem hat Ihre Frau sprechen können?«

Posttraumatische Belastung sind körperliche und seelische Symptome auf ein vorangegangenes belastendes Ereignis, bei dem unsere normalen Bewältigungs- und Anpassungsmechanismen außer Kraft gesetzt sind. In der Regel verschwinden diese Symptome allmählich wieder, sollten sie aber bestehen bleiben und sich sogar verstärken, wird ihre Bewältigung immer schwieriger. Je besser man nachvollzie-

Was ist posttraumatische Belastung?

hen kann, wie man selbst in den Vorfall verwickelt war, wie man reagiert hat und warum man so und nicht anders reagiert hat, desto besser kann man letztlich damit umgehen.

2. Wer ist von posttraumatischen Belastungen betroffen?

Wer ist von posttraumatischen Belastungen betroffen? Fast jeder, denn wir alle haben kleinere und größere traumatische Erlebnisse in unserem Leben, die mal mehr und mal weniger belasten und unterschiedliche Symptome hervorbringen. Die Betroffenen lassen sich in vier Gruppen aufteilen:

- Unmittelbar Betroffene
- Partner, Familie und Freunde
- Angehörige von Rettungsdiensten, helfenden Berufen und Feuerwehrleute
- Menschen mit einem allgemeinen Interesse an Trauma

Die unmittelbar Betroffenen

Traumatische Ereignisse aller Art schließen immer Menschen ein, die »unmittelbar betroffen« sind, nämlich die Opfer. Auch wenn andere dabei waren, spüren diese Menschen, daß sie auf sich allein gestellt sind und niemand sie versteht, vielleicht nicht einmal diejenigen, die mit dabei waren. Sie sind Opfer, weil es ihnen passiert ist. Stellen Sie sich folgendes vor:

Wer ist von posttraumatischen Belastungen betroffen?

1. Szenario
Sie gehen spätabends allein nach Hause. In der Straße ist es dunkel, Sie fürchten sich und beeilen sich, weil Sie Ihrem Partner bzw. Ihrer Partnerin versprochen haben, nicht zu spät zu kommen. Plötzlich taucht ein Schatten aus dem Dunkel vor Ihnen auf. Der Mann zückt ein Messer und verlangt alle Wertgegenstände und das Bargeld, das Sie bei sich haben. Sie sind natürlich nicht Bruce Lee und auch nicht Arnold Schwarzenegger und tun, was man Ihnen sagt. Trotzdem versetzt der Räuber Ihnen einen Schlag, Sie gehen zu Boden, und er läuft weg.

2. Szenario
Sie sind jahrelang mit dem gleichen Zug zur Arbeit gefahren. Eines Tages sitzen Sie wieder entspannt im Zug, als Sie plötzlich einen lauten Schlag hören. Die Bremsen quietschen, und danach hören Sie laute Schreie und Rufe. Sie fragen sich, woher die Stimmen kommen, und stellen erschrocken fest, daß Sie selbst so laut schreien, verletzt sind und nicht mehr hinaus können.

3. Szenario
Sie sind mit Ihrem Partner im Sprechzimmer eines Facharztes, nachdem Sie sich vorher einer gründlichen Untersuchung unterzogen hatten. Plötzlich wird Ihnen klar, daß der Arzt mit Ihnen spricht und Ihnen gerade zu sagen versucht, daß Sie Krebs haben. Sie können es nicht fassen und fühlen sich wie betäubt. Es ist, als wären Sie nicht mehr in Ihrem Körper und würden auf jemand Fremdes

blicken. Was sagt der Arzt gerade? Was hat das zu bedeuten? Wie werden Sie damit fertig werden?

Im ersten Szenario sind Sie allein während eines Raubüberfalls. Im zweiten sind Sie mit vielen anderen Menschen zusammen, vielleicht sogar mit Leuten, die Sie kennen oder jeden Tag sehen. Im dritten Szenario sind Sie mit jemandem zusammen, den Sie lieben und der das Erlebte mit Ihnen teilt. Aber auch wenn andere Menschen um Sie sind, können Sie sich einsam und allein fühlen und spüren, daß Sie Opfer sind.

Wahrscheinlich sind Sie nicht glücklich darüber, als Opfer abgestempelt und mit dieser Bezeichnung kategorisiert zu werden. Wahrscheinlich möchten Sie niemanden als Opfer sehen. Das Wort »Opfer« kann bedeuten, daß jemand ohne Hoffnung und hilflos ist: ein Schwächling oder Verlierer. Manchmal ist es die Situation, die einen hilflos und ohne Hoffnung zurückläßt, und man fühlt sich verraten, auch wenn man es gar nicht ist, sondern nur diese Gefühl hat. Wenn man mit dem Gewehr bedroht wird, ist es nur logisch anzunehmen, daß man gleich getötet wird. Das Gewehr ist vielleicht nicht geladen, aber Sie haben keine Möglichkeit, das herauszufinden, und deshalb tun Sie, was man von Ihnen verlangt. Es wäre dumm und unvernünftig, wenn Sie annehmen würden, das Gewehr sei nicht geladen, und deshalb tun Sie nichts. In der Situation selbst sind Sie also vernünftig, aber anschließend denken Sie vielleicht doch: »Ich hätte müssen, ich hätte sollen, es hätte sein können, vielleicht!« Genausogut können Sie von Schuldgefühlen geplagt werden, oder Sie suchen den Fehler bei sich.

Oder Sie fragen sich: »Wie konnte Gott das zulassen?«, obwohl Sie gar kein gläubiger Mensch sind. Sie fühlen sich ohne Hoffnung, hilflos, überflüssig, schwach, bemitleidenswert, schuldig und frustriert. Sie sind Opfer. Aber Sie können sich und das Erlebte auch anders betrachten. Was halten Sie von folgender Erkenntnis?

Ich befand mich einfach zufällig an diesem Ort, als das Unglück geschah.

Wie geht es Ihnen mit dieser Einstellung? Denken Sie daran, daß Sie nicht Opfer sein wollten, sondern durch eine Person und deren Tun oder durch den Ort und das dort stattfindende Ereignis dazu gemacht wurden. Manchmal ergibt sich eine Situation aus dem eigenen Handeln, und wenn Sie einen Fehler gemacht haben sollten, müssen Sie sich diesem stellen, aber Sie können sich auch schuldig fühlen, wenn es nicht Ihre Schuld war. Sie wünschen sich, Sie könnten die Uhr noch einmal zurückdrehen, das Vergangene ändern, es ungeschehen machen. »Wäre ich doch nur einige Minuten früher oder später aufgebrochen, dann wäre ich da nicht hineingeraten«, oder: »Wenn ich nur schwimmen könnte, hätte ich ihn retten können.«

»Diese schrecklichen Gefühle von Schuld und Angst bedrücken mich. Ich weiß nicht, was mit mir los ist, und niemand, nicht einmal mein Partner, versteht mich. Was kann ich tun, um mir zu helfen, damit alles wieder so wird wie vorher?«

Nun, zurück können Sie nicht mehr, aber Sie können sich weiter entwickeln, glauben Sie mir. Es gibt Wege durch diese Erlebnisse, Sie können sich selbst helfen, und die anderen können Sie verstehen. Wichtig ist, was Sie von sich selbst halten.

Ein Mann, der heimtückisch angegriffen worden war, erklärte: »Letztlich habe ich aufgehört, mich als Opfer zu sehen, denn das hatte einen negativen Beigeschmack. Ich bin kein Opfer, ich betrachte mich selbst als Überlebender.«

Dies mag nicht allen Betroffenen helfen, und es ist sicher kein Allheilmittel, aber vielleicht ist es ein Anfang. Sagen Sie sich, daß Sie ja nicht Opfer sein wollten, und stellen Sie sich lieber vor, daß Sie überlebt haben.

Partner und Familie
(siehe auch Kapitel 7)

Leben oder arbeiten Sie mit einem Menschen, der ein traumatisches Erlebnis hatte? Wenn ja, dann wird dieses Erlebnis höchstwahrscheinlich auch auf Sie und Ihre Familie Einfluß haben.

»Er ist heute schlecht gelaunt. Komm ihm nicht zu nahe.«
»Ich weiß nicht, was mit ihm los ist. Er bricht aus nichtigem Grund in Tränen aus.«

»*Dieser Unfall scheint ihn sehr verändert zu haben. Seitdem ist er wie ausgewechselt.*«
»*Er ist nicht mehr der gleiche, seit dies passiert ist ...*«
»*Ich weiß nicht mehr, was ich machen soll. Ich bin mit meinem Latein zu Ende. Er spricht nicht mehr mit mir und zieht sich in sein Schneckenhaus zurück.*«
»*Er zeigt mir und den Kindern gegenüber keine Zuneigung mehr. Ich kann es nicht verstehen.*«
»*Meistens wacht er nachts schreiend und schweißgebadet auf. Was soll ich machen?*«
»*Ich kann mich einfach nicht damit abfinden. Mir und den Kindern reicht es jetzt.*«
»*Er hört nicht mehr auf, darüber zu reden, er macht ununterbrochen weiter, bis ich schreien könnte.*«

Sie haben gewiß nichts gegen gelegentliche »Kriegsgeschichten«, aber doch nicht ständig und Tag für Tag! Es ist nicht leicht zu wissen, was man tun oder sagen soll. Wie soll man mit dem geliebten Menschen, der sich zurückzieht und kaum noch spricht, umgehen? Mit dem Menschen, der irrationale Wutausbrüche hat oder plötzlich in Tränen ausbricht, der allein sein möchte oder sich wie ein Baby an einen klammert, der Alpträume hat und nachts schreiend und schweißgebadet aufwacht?

Wenn Sie in den gleichen oder einen ähnlichen Unfall verwickelt waren, damit fertig geworden sind und es Sie nicht übermäßig belastet hat, dürfen Sie nicht denken, daß auch Ihr Partner damit fertig werden müßte. Umgekehrt sollten Sie nicht glauben, daß der Unfall, der für Sie belastend war, auch für andere belastend sein muß.

Ein Armeeoffizier berichtete, daß er als junger Mann nach einer Bombardierung Leichenteile zusammenkehren und diese in Plastiksäcke verstauen mußte. »*Ich habe seitdem – es sind inzwischen zwanzig Jahre vergangen – nicht mehr daran gedacht und deswegen keine einzige schlaflose Nacht verbracht. Ich weiß, daß andere schwer darunter gelitten haben, aber ich weiß gar nicht warum. Stimmt etwas nicht mit mir?*«

Der Offizier hatte trotzdem darauf reagiert; seine bewußte oder unbewußte Reaktion war, nicht darüber nachzudenken und nicht verunsichert zu sein. Es wäre falsch, von ihm zu erwarten, daß es ihn belasten haben müßte. Er hat lediglich auf seine Art reagiert, die ihm während des traumatischen Vorfalls und danach geholfen hat, das Erlebte zu bewältigen. Aber nur weil er dieses Erlebnis bewältigt hat, müssen nicht alle anderen genauso reagieren. Man kann einem anderen nicht damit helfen, daß man selbst mit einem Erlebnis gut zurechtkommt und von dem anderen das gleiche erwartet. Wir sind alle verschieden, und wir haben unterschiedliche Möglichkeiten zu reagieren, uns anzupassen, etwas zu bewältigen und zu überleben.

Nach einem schweren Verkehrsunfall bewältigte ein Ehemann sein Erlebnis, indem er seine Gefühle versteckte und beherrschte. Seine Frau dagegen weinte und zeigte ihre seelische Überforderung. Sie verstanden einander nicht mehr: Sie warf ihm vor, gefühlskalt und lieblos zu sein, er warf ihr vor, zu emotional zu sein. Aber beide bewältigten das Erlebnis in der ihnen angemessenen Art und Weise. Erst nach einigen Monaten fing der Ehemann an, seinen Gefühlen freien Lauf zu lassen, zu einem Zeitpunkt, an dem sie das Erlebnis längst verarbeitet hatte und sich fragte, was wohl mit ihm nicht stimmte!

Wichtig ist, sich die Unterschiede klarzumachen und sie zu respektieren. Auch wenn Sie nicht unmittelbar davon betroffen waren, sollten Sie versuchen zu begreifen, was Ihrer Partnerin, Ihrem Partner geschehen ist, und sich klarmachen, daß auch Sie in Mitleidenschaft geraten sind. Manchmal werden verdrängte Reaktionen erst nach Jahren an die Oberfläche gespült, ohne daß jemand eine Erklärung dafür hat. Wenn dieser Fall eintritt, ist es vielleicht an der Zeit, daß Sie als Partner etwas unternehmen.

Ein Feuerwehrmann, der viele traumatische Situationen, unter anderem auch eine schwere Katastrophe, erlebt hatte, war während seiner Dienstzeit gut damit zurechtgekommen. Nach vier Jahren in Rente litt er plötzlich unter Angstattacken, Alpträumen und durchlebte die Ereignisse noch einmal in sehr bedrückender Form. Seine Frau befürchtete eine psychische Erkrankung. Der Alltag mit ihm wurde zunehmend schwieriger, und ihre Beziehung veränderte sich zum Negativen. Als sich seine Symptome noch verstärkten, konnte sie ihn schließlich überreden, einen Arzt aufzusuchen. Fast gegen seinen Willen ließ er sich auf Drängen seiner Frau schließlich helfen.

Wenn Sie mit einem »Überlebenden« zusammenleben oder arbeiten, müssen Sie seine Symptome unbedingt als echt und nicht als gespielt akzeptieren. Wichtig ist, daß Sie verstehen, wie und warum die betroffene Person reagiert, und versuchen, auf eine positive Art und Weise zu helfen. Versuchen Sie nicht, den anderen aufzumuntern oder das Geschehene herunterzuspielen, denn das hilft in den wenigsten Fällen. Dies wird höchstens als Schulmeisterei oder als Mangel an Sensibilität ausgelegt. Zudem müssen Sie begreifen, daß Sie auf alle Fälle betroffen sind, auch wenn Sie nicht direkt in den Vorfall verwickelt waren. Es ist schlichtweg unmöglich, mit einem depressiven Menschen zusammenleben, ohne in irgendeiner Weise davon betroffen zu sein. Das Gleiche gilt, wenn Sie mit »Überlebenden« traumatischer Ereignisse arbeiten. Studien haben gezeigt, daß sogar die Enkelkinder von Überlebenden der Nazi-Konzentrationslager schwere posttraumatische Belastungssymptome entwickeln, die lediglich durch das Zusammenleben mit den Großeltern, deren Erzählungen aus dem Lageralltag und dem wiederholten Miterleben der Reaktionen hervorgerufen werden. Überlegen Sie, wie sich Kinder fühlen, wenn der Vater manchmal wütend oder gewalttätig ist, sich zurückzieht, nicht mit ihnen spielen oder sprechen möchte. Solche Kinder fragen nicht nur: »Was ist bloß mit Papa los?«, sondern auch: »Was stimmt mit mir nicht, daß Mama nicht mit mir spielen oder zusammensein möchte? Was habe ich falsch gemacht?« Nicht nur bei Kindern, sondern auch bei Erwachsenen entwickeln sich daraus gewaltige Schuldgefühle und das Gefühl, abgelehnt zu werden. Wenn auch Sie zu diesen Menschen gehören, dann sollten Sie wissen, daß man hier mit Worten und Taten helfen kann. Beginnen Sie damit, daß Sie versuchen, das Geschehene besser zu verstehen und ebenso die Wirkung, die es auf alle Beteiligten einschließlich Ihrer selbst hat. Dazu mehr in Kapitel 7 und 8.

Die Profis: Rettungsdiensthelfer, Polizisten, Feuerwehrleute

Aufgrund Ihrer Arbeit treffen Sie regelmäßig, manchmal sogar täglich, auf traumatische Situationen. Wenn Sie einem Rettungsdienst, der Feuerwehr oder der Polizei angehören, werden Sie mit traumatischen Situationen konfrontiert, die durch Menschen ausgelöst wurden, wie etwa Mord, Selbstmord, Vergewaltigung, sexueller Mißbrauch, oder Sie werden zu Katastrophen, Verkehrs- oder anderen Unfällen hinzugezogen, wie etwa Brand oder Naturkatastrophen. Zur gleichen Personengruppe gehören auch Ärzte, Krankenschwestern, Sozialarbeiter, Schulpsychologen, Gefängniswärter und Helfer bei Wohlfahrtsverbänden und Gesundheitsdiensten, des weiteren Helfer und Helferinnen in Opferschutz- und Folteropfergruppen, in der Obdachlosenhilfe und in der Betreuung psychisch Kranker. Auch Soldaten mit Kriegserfahrung, die Gewalt, Bedrohung durch Bomben oder Gewehrkugeln erlebt haben, sowie Hilfspersonal in »Friedensstiftender Mission«, die durch ihren Auslandseinsatz in Situationen geraten sind, in denen sie sich machtlos fühlten und ihrer eigentlichen Aufgabe nicht nachgehen konnten, gehören dazu. All diese und noch viele andere sind unmittelbar Betroffene, weil sie sich im Zentrum des Geschehens befinden.

Menschen können jedoch auch indirekt betroffen sein;

Die Profis: Rettungsdiensthelfer, Polizisten, Feuerwehrleute

indirekt betroffen ist jemand, der zwar nicht unmittelbar im Zentrum des Geschehens stand, aber trotzdem die Auswirkungen zu spüren bekommt, wie zum Beispiel die Enkelkinder von Holocaustopfern, von denen schon vorher die Rede war. Ebenso kann es der Partner eines Vergewaltigungs- oder Raubüberfallopfers sein oder des Opfers eines sonstigen schrecklichen Ereignisses. Ein Polizist kann bei einem tödlichen Autounfall traumatisiert werden, indem er entweder unmittelbares Opfer ist, weil er zum Beispiel der Fahrer in einem der Unfallwagen war, oder indirekt betroffenes Opfer, weil er zum Unfall gerufen wurde. Ein Lehrer kann durch den Tod eines Kindes oder durch einen Angriff von seiten eines Elternteils oder eines Schülers belastet sein. Helfer und Helferinnen in Rettungsorganisationen im Ausland können zu indirekten Opfern werden, indem sie hungernde Menschen und Flüchtlinge, Verstümmelte, Folteropfer und Leichen sehen. Sie können aber auch direkte Opfer sein, in dem sie Angriffe, Entführungen, Geiselnahme, Vergewaltigung oder sonstige Auswirkungen ihrer Arbeit erleben.

Bei Angehörigen von Notdiensten und bei professionellen Helfern und Helferinnen können ebenfalls posttraumatische Belastungssymptome und -reaktionen auftreten. Viele Organisationen, einschließlich Rettungsdiensten, bieten ihren Angestellten Schulungen und Trainingskurse zur Bewältigung von Trauma-Erfahrung an. Dazu gibt es sogenannte Nachbereitungs- oder Integrationsgruppen, sowie Unterstützung durch Psychologen und Sozialpädagogen, die Supervision und Beratungsgespräche anbieten. Dazu mehr in Kapitel 8 und im Anhang.

Der allgemein Interessierte

Waren Sie Zeuge eines traumatischen Vorfalls? Sind Sie ehrenamtlicher Helfer, Gruppenleiter, Manager, Chef eines Unternehmens, Kollege oder Mitglied einer Familie, in der jemand traumatisiert wurde? Wenn ja, gehören Sie möglicherweise sogar zu den indirekten Opfern. Vielleicht wollen Sie aber auch nur wissen, was Belastungsstörung oder Trauma ist und wie Menschen reagieren, die davon betroffen sind. Heutzutage berichten die Medien fast täglich von traumatischen Ereignissen, und Sie fragen sich vielleicht, wie normale Menschen solche traumatischen Vorfälle bewältigen können. Möglicherweise sind Sie durch die unsensible Art der Berichterstattung verärgert, denn Sie haben in der Zeitung folgende Geschichte gelesen:

Feuerwehrleute löschen Brand
In dem Haus kam ein vierjähriges Kind zu Tode. Die Eltern waren nicht in der Lage, eine Stellungnahme abzugeben, und versuchen noch immer, mit der Tragödie fertig zu werden.

»Mit der Tragödie fertig zu werden?« Wahrscheinlich werden die Eltern dies noch in fünfzig Jahren versuchen! Ein solcher Kommentar zeigt, wie wenig manche Menschen verstehen und wie wenig sie die Reaktionen der anderen respektieren. Wenn Sie im Fernsehen Zeuge großer Katastrophen werden, fragen Sie sich vielleicht: »Warum passiert so etwas? Das Leben ist doch wirklich ungerecht. Wie um alles in der Welt werden die Menschen damit fertig, und was kann man tun, um ihnen zu helfen?« Die einen sehen und hören mit Mitgefühl zu, wenn Überlebende und Rettungskräfte berichten, die anderen sind der Ansicht, daß diese Menschen überreagieren und schwach sind. Leider ist letztere Ansicht in unserer Gesellschaft weit verbreitet. »Stellen Sie sich mal einen Polizisten vor, der weinend zusammenbricht! Professionelle Helfer müssen so etwas bewältigen können und dürfen sich nicht aus dem Konzept bringen lassen, egal was geschieht.« Hier einige häufig gemachte Bemerkungen:

»*Du wußtest ja, auf was du dich einläßt, als du dich beim Roten Kreuz beworben hast.*«
»*Wenn du es nicht aushältst, solltest du nicht zur Bundeswehr gehen.*«
»*Wenn du keinen Scherz verstehst, hättest du zu Hause bleiben sollen!*«

Sind solche Bemerkungen wirklich realistisch? Kann man überhaupt jemals wissen, worauf man sich einläßt, wenn man etwas anfängt? Man hat vielleicht eine vage Vorstellung, und die Ausbildung gibt weitere Einblicke, aber das ist nicht das gleiche wie die Wirklichkeit. Wie soll man einen Soldaten darauf vorbereiten, daß er einen anderen mit dem Gewehr tötet oder zusieht, wie sein Kamerad neben ihm erschossen wird? Man kann ihn trainieren, Pappsoldaten zu töten, doch ein lebendiger, atmender Mensch ist nicht das gleiche wie eine Figur aus Pappe. Würden Sie seinen Kameraden an seiner Seite töten, nur damit er weiß, wie es ist, und damit Sie feststellen können, wie er reagiert und ob er damit fertig wird? Wohl kaum.

Wer ist von posttraumatischen Belastungen betroffen?

Bei einem Seminar über posttraumatische Belastung und Trauma stellte sich ein Feuerwehrmann vor und sagte, daß er erst kürzlich eine schwierige Scheidung durchgemacht habe. Als die Gruppe Belastungssymptome und Traumata diskutierte, sagte er, als Feuerwehrmann wisse man von Anfang an, worauf man sich einlasse, und dürfe deswegen eigentlich in keiner Weise leiden. Einer seiner Kollegen gab darauf zu bedenken: »Dann hätten Sie sich auch nicht scheiden lassen dürfen, geschweige denn darunter leiden, denn Sie wußten ja, worauf Sie sich bei Ihrer Heirat einließen.« Der Feuerwehrmann dachte einige Sekunden darüber nach und antwortete dann: »Sie haben vollkommen recht!«

Manche Menschen sollten nie zum Rettungsdienst gehen, nie Soldat, nie Krankenschwester oder Arzt werden; ein Ausleseverfahren könnte uns dabei helfen, die Nichtgeeigneten vorher auszusortieren. Trotzdem hätten wir das folgende Problem noch nicht gelöst:

Es ist gänzlich unmöglich, vorherzusagen, wie jemand auf einen bestimmten Vorfall reagiert, egal wie erfahren, gut vorbereitet oder ausgebildet er ist und wie stark und unerschütterlich er auch zu sein scheint oder zu sein vorgibt.

Kein Mensch reagiert auf den gleichen Vorfall immer gleich, und zwar auch deshalb, weil es so etwas wie die gleiche Situation gar nicht gibt; es gibt vielleicht eine ähnliche, eine identische gibt es aber nicht.

Weil das Wissen um Belastung und Trauma einen Teil unserer menschlichen Erfahrung ausmacht, sollte es ein wesentlicher Bestandteil in der Erziehung jedes einzelnen von uns sein. Das Wissen, was einem zustoßen, wie man darauf reagieren und an wen man sich im Notfall wenden kann, führt zu Selbstsicherheit und Verstehen. Aber wo bleibt die alte Tugend des »Durchhaltens«? Schließlich sind Generationen gut damit gefahren. Die Zähne zusammenbeißen und stoisch ertragen, was das Leben einem beschert, mag einigen Menschen mitunter helfen, aber es ist kein Rezept für alle, das immer hilft. Trotzdem gibt es immer noch genügend Menschen, die glauben, daß Reaktionen nicht auftreten dürften und es falsch sei, alle Menschen über Trauma und belastende Situationen aufzuklären.

Ein Armeeoffizier fragte den Leiter der Reintegrationsgruppe, in der ehemalige Geiseln über ihre Erfahrungen berichteten: »Versuchen Sie nicht gerade, den Leuten einzureden, daß sie ein Problem haben?«

Der Offizier war scheinbar der Auffassung, daß allein schon Fragen nach dem Erlebten und das Angebot zu helfen den Soldaten Flausen in den Kopf setzen. Ähnlich kann auch die Haltung eines leitenden Sanitäters beim Rettungsdienst zusammengefaßt werden:

»Wir in der westlichen Welt halten immer weniger aus, nicht wie die Flüchtlinge und Hungernden in der Dritten Welt. Sie akzeptieren ihr Los im Leben und machen das Beste draus. Bringt eine Frau zwölf Kinder zur Welt, von

> *denen dann zehn sterben, ist das für sie normal, und es schadet ihr kein bißchen. Das sieht man auch in den Gesichtern der hungerleidenden Frauen im Fernsehen. Sie leben ihr Leben, ohne zu murren oder sich zu beschweren.«*

Aber ich wette, daß dies nicht wahr ist. Ist es nicht vielmehr so, daß sie schon längst keine andere Wahl mehr haben und daß sie den Punkt schon überschritten haben, an dem es noch Hoffnung oder Hilfe gibt? Manche vertreten sogar die Meinung, daß man Polizisten, Soldaten und anderen professionellen Helfern unter gar keinen Umständen sagen sollte, daß sie traumatisiert werden könnten, sollten sie jemals Leichen, eine Kriegssituation oder eine Katastrophe miterleben. »Wenn man ihnen einredet, daß eine Situation schockierend ist, dann wird sie auch schockierend sein. Wenn man ihnen nichts erzählt, werden sie die Situation auch nicht als schockierend erleben.« Natürlich ist es verheerend, wenn Menschen mit solchen Ansichten in Führungspositionen sind, denn diese Haltung wird von den anderen übernommen. Vielleicht ist Unwissenheit der Grund für eine solche Haltung, oder sie wollen hart und unbeirrt erscheinen. Aber auch Zurückhaltung und Zweifel am eigenen Bewältigungsvermögen können Ursache dafür sein, genauso wie die Angst, als Schwächling zu gelten, wenn man Mitgefühl zeigt. Sogar John Wayne hatte Angst, ehe er den Strand von Bataan bombardierte. »Herr Major, ich fürchte mich«, sagte ein junger Soldat im Flugzeug. »Ich auch, mein Junge, ich auch«, war die tröstende Antwort!

Das Wissen um Traumata und die eigene Reaktion und

die der anderen ist hilfreich, aber manche Menschen wollen offenbar nichts davon wissen. Wie viele Menschen werden zu Hause, in der Schule oder am Arbeitsplatz geschlagen, mißbraucht oder gemobbt und erfahren niemals Hilfe, Verständnis oder Mitgefühl? Wie würden Sie reagieren, wenn Ihnen das passieren würde, wenn Sie einen Unfall hätten oder in eine Katastrophe gerieten? Würden Sie und Ihre Mitmenschen, insbesondere die, die Sie lieben oder mit denen Sie zusammenarbeiten, Ihre Reaktionen verstehen? Bekämen Sie von ihnen Unterstützung? Würden sie hilfreiche Dinge tun und sagen? Ich arbeite nun schon seit mehr als vierzig Jahren mit traumatisierten Menschen, und doch weiß ich immer noch nicht, wie ich reagieren würde, wenn mir eines der Dinge widerfahren würde, die meinen Klienten widerfahren sind. Ich weiß einfach nicht, ob und wie ich eine solche Situation bewältigen würde, aber ich hoffe, daß mein Wissen und meine Erfahrung mir dabei helfen würden und daß man mir Verständnis und Hilfe entgegenbringen und mir nicht den Vorwurf machen würde, ich sei zu schwach. Schulungen, Erfahrungen und Wissen schärfen das Verständnis für mögliche Reaktionen und helfen uns, in bestimmten Ausnahmesituationen nicht wort- und tatenlos zuzusehen. Nichtwissen führt dagegen dazu, andere zu stigmatisieren und sie als bemitleidenswert oder schwach abzustempeln. Eine solche Haltung kann sich auf unsere Gesellschaft, auf Organisationen, auf Familien und auf jeden einzelnen übertragen. Höchstwahrscheinlich können wir ein Erlebnis um so besser bewältigen, je genauer wir wissen, wie wir reagieren und wie wir oder die anderen davon betroffen sein könnten. Offensichtlich hängt viel davon ab, wie wir informiert wurden und was man uns gesagt hat, aber unser Wissen stärkt auf jeden Fall unser Selbstvertrauen.

Vermutlich würden wir in einer besseren Welt leben, wären bessere Menschen und hätten bessere Beziehungen, wenn wir unser Wissen und unsere Erfahrungen dazu benutzten, eine Gesellschaft oder Gemeinschaft zu erschaffen, in der Reaktionen auf Belastung und Trauma als natürlich angesehen werden und nicht als Zeichen von Schwäche und Unfähigkeit.

3. Körperliche Reaktionen und Symptome verstehen

Haben Sie schon einmal ein traumatisches Erlebnis gehabt? Wenn ja, wissen Sie höchstwahrscheinlich noch, wie Sie reagiert haben, und können sich gut daran erinnern. Vielleicht haben Sie auch kein traumatisches Erlebnis gehabt und machen sich nur Gedanken, wie Sie reagieren würden, wenn Ihnen etwas Schreckliches widerfahren würde. Würden Sie das Schreckliche einfach hinnehmen, es vergessen und dann ganz normal weiterleben, oder würde es Sie belasten und beunruhigen? Wahrscheinlich antworten Sie, daß dies von der Schwere des Ereignisses abhinge. Vielleicht würden Sie sich auch für schwach und jämmerlich halten, wenn Sie nicht adäquat reagierten oder es eine große Belastung für Sie wäre. Möglicherweise denken Sie dies gerade, weil Sie das Ereignis nicht wirklich bewältigt haben. Machen Ihnen die Reaktionen der anderen auf Ihr Verhalten zu schaffen, die Ihnen unbewußt zu sagen scheinen: »Ich weiß nicht, was mit dir los ist. Eigentlich müßte es dir wieder gut gehen, du müßtest doch schon längst drüber hinweg sein, lauf nicht so herum!«?

1. Szenario
Sie sind mit Ihrem Partner im Kino gewesen und kommen gerade nach Hause. Sie haben einen spannenden

Körperliche Reaktionen und Symptome verstehen

Film gesehen, der Ihnen gefallen hat, und Sie sind beide in guter Stimmung. Sie stecken den Schlüssel ins Schloß, öffnen die Tür und treten ein. Da bietet sich Ihnen ein schrecklicher Anblick: Es wurde eingebrochen, und die Einbrecher haben das Haus in chaotischem Zustand zurückgelassen. Fernseher, Videogerät und einige Wertgegenstände sind gestohlen worden, Möbelstücke, Bilder und Spiegel zertrümmert. Die Fotoalben und Ihre Lieblingsbücher liegen zerrissen am Boden. Alle Räume schauen gleich aus. Einen kurzen Moment lang sind Sie sprachlos, dann drehen Sie sich zu Ihrem Partner um und sagen: »Denk dir nichts, heutzutage wird viel eingebrochen, und das sind nur Gegenstände. Gott sei Dank waren wird nicht da, als es passierte. Laß uns schnell aufräumen und dann zu Bett gehen, Anzeige bei der Polizei können wir morgen erstatten, und die Versicherung rufen wir auch morgen an.« Sie sind vollkommen ruhig und kein bißchen aufgebracht.

2. Szenario
Sie fahren an einem nassen, kalten Morgen mit dem Auto auf der Autobahn zur Arbeit. Der Verkehr wird immer dichter, und die meisten fahren wie immer zu schnell, obwohl einige ins Schlingern und Rutschen geraten. Weil es Ihnen zu gefährlich ist, verringern Sie die Geschwindigkeit. Ein Auto versucht zu überholen, kommt ins Schlittern und rutscht in die Mittelplanke. Bremsen quietschen, ein Wagen kollidiert mit dem nächsten – eine Massenkarambolage entsteht. Sie sind zwischen Steuerrad und Sitz eingeklemmt und sitzen inmitten eines riesigen

Haufens Blech fest. Sie scheinen nicht verletzt, hören jedoch das Schreien und Rufen der anderen und das Knacken des Motors. Ein penetranter Benzingestank durchdringt das Wageninnere, aber Sie können sich nicht bewegen. Plötzlich kommt Ihnen der Gedanke, daß Sie mit dem Auto in die Luft fliegen werden, wenn Sie nicht ganz schnell herauskommen. Beruhigend reden Sie sich ein: »Ich kann ja nichts tun, deswegen warte ich lieber ruhig, bis Polizei und Rettungsdienst kommen.« Sie nehmen sich das auf dem Beifahrersitz liegende Buch, lesen und warten ruhig, obwohl der Benzingestank penetranter und der Motor immer lauter wird. Endlich befreit man Sie aus dem Auto; Sie sehen, daß unter anderen Geborgenen viele Verletzte sind, die schreien, und sogar Tote.

Nachdem Sie im Krankenhaus untersucht und Ihre gebrochenen Unterarmknochen versorgt worden sind, machen Sie sich wieder auf den Weg zur Arbeit. Als Sie am Abend nach Hause kommen, denken Sie noch, was für ein hektischer und anstrengender Tag das doch gewesen ist. Sie sind jedoch vollkommen ruhig, und in dieser Nacht schlafen Sie fest wie ein Stein.

Das sind ziemlich unwahrscheinliche Szenarien. Die meisten von uns würden mit Sicherheit anders reagieren. Wer in einen Unfall verwickelt ist, steht zunächst unter Schock, hat Angst, ist wie erstarrt und hat höchstwahrscheinlich keine Kontrolle über seine Reaktionen. Körper und Gehirn reagieren instinktiv mit einer ganzen Reihe physischer und psychischer Symptome, die einfach aus dem Innern auftauchen und die Führung übernehmen. Wie oft haben Sie schon hef-

Körperliche Reaktionen und Symptome verstehen

tig auf ein Ereignis reagiert, weil Sie sich provoziert oder bedroht fühlten, und danach gesagt: »Diese Reaktion hat gar nicht zu mir gepaßt, aber ich war so wütend, daß ich einfach explodiert bin. Ich weiß gar nicht, was in mich gefahren ist?« Das sind schon Sie gewesen, niemand anderes. Sie selbst sind in sich gefahren!

Wenn Sie nach Hause kommen und jemand vorher in Ihre Wohnung eingebrochen ist, dann sind Sie selbstverständlich schockiert und fühlen sich wie gelähmt. Sie können es zuerst vielleicht gar nicht glauben: Sie sind äußerst zornig und aufgebracht. Ein Fremder ist in Ihre Privatsphäre eingedrungen, hat wertvolle und nicht ersetzbare Dinge mitgenommen oder sie zerstört. Die Folge ist, daß Sie sich verletzlich und zu Hause nicht mehr sicher fühlen. Sie fühlen eine Kälte im Innern aufsteigen, zittern und fangen plötzlich an zu weinen. Vielleicht kommt Ihnen auch der eine oder andere Fluch über die Lippen, oder Sie haben ganz unheilige Gefühle wie etwa: »Wehe, wenn ich den zu fassen kriege!« Es ist zu bezweifeln, daß Sie in dieser Nacht gut schlafen, und die Folgen könnten gewiß einige Zeit zu spüren sein. Vielleicht würden Sie nicht mehr gerne ausgehen, und wenn Sie einmal ausgingen, hätten Sie Angst, noch einmal in eine verwüstete Wohnung zurückzukehren. Natürlich kämen Traurigkeit und Wut über den Verlust einiger wertvoller Sachen auf, aber auch über den Verlust Ihrer eigenen Sicherheit. Vielleicht brächten Sie noch mehr Schlösser an den Fenstern und Türen Ihres Hauses an, eine Alarmanlage oder sogar eine Überwachungskamera, und trotzdem wäre Ihr Zuhause nicht mehr das, was es einmal war!

Auch der Autounfall würde wahrscheinlich heftige Re-

Körperliche Reaktionen und Symptome verstehen

aktionen auslösen. Schon davor dürfte die tägliche Fahrt hin und zurück von der Arbeit eine Belastung dargestellt haben, und Sie kamen wohl meistens ziemlich angespannt zu Hause an, waren wütend und aggressiv, weil Ihnen der Fahrstil der anderen Streß bereitete. Vielleicht gaben Sie insgeheim der Polizei oder der Regierung die Schuld an allem. Eine solche Dauerbelastung hat aus Ihnen entweder einen umsichtigen und erfahrenen Fahrer gemacht oder aber einen, der das Autofahren besser bleiben lassen sollte. Als sich nun der Unfall abzeichnet und Ihnen klar wird, was geschehen könnte, verkrampfen sich Ihre Muskeln, und Sie halten das Steuerrad so fest, daß Ihre Knöchel weiß hervortreten. Sie versuchen entweder verzweifelt, sicher zu fahren, und verlangsamen das Tempo, oder Sie können sich vor Schreck nicht bewegen. Sowie Sie feststellen, daß Sie überlebt haben, verspüren Sie große Erleichterung, haben jedoch gleichzeitig Angst, im Auto gefangen zu sein. Der Benzingestank verstärkt Ihre Angst noch, und Sie bemühen sich, aus dem Auto herauszukommen. Sie schreien entweder um Hilfe, oder Sie stehen unter Schock und sind überzeugt, daß Sie nun sterben werden. Die Rettungskräfte erreichen den Unfallort und befreien Sie. Obwohl Sie froh sind, überlebt zu haben, werden sich höchstwahrscheinlich Belastungssymptome einstellen, von denen Sie sich nur langsam erholen.

Ein Mann war nach einem Unfall in seinem Auto eingeklemmt, in dem es verdächtig nach Benzin roch. Kurz nachdem er gerettet worden war, konnte er ganz gut damit umgehen, aber einige Zeit später berichteten seine Freunde plötzlich, daß er Angstzustände hatte und glaub-

Körperliche Reaktionen und Symptome verstehen

te, er würde verbrennen. Er war nervös und schreckhaft, stand ständig unter Anspannung und befürchtete, daß jeden Augenblick etwas Schreckliches passieren würde. Wiederum einige Tage später fühlte er sich wieder fit und fuhr mit dem Auto seiner Frau zum Tanken. Als er den Stutzen nahm, in den Tank steckte und der Benzingeruch herausströmte, fing der Mann an zu schreien. Er zitterte vor Angst, hatte Schweißausbrüche, und sein Nachbar mußte ihm helfen, den Tank aufzufüllen. Auch ein Jahr später war er noch nicht in der Lage, allein zu tanken, weil der Geruch immer noch Panik und Angst in ihm auslöste und sein Herz wie wild zum Rasen brachte.

Traumata haben eine Auswirkung auf jeden Menschen, wenngleich die Reaktionen sehr unterschiedlich sein können. Es müssen nicht immer schwerwiegende Symptome entstehen. Sie sind vielleicht nicht übermäßig erregt und glauben, daß Sie es einigermaßen leicht bewältigen können. Möglicherweise sind Sie voller Wut und Ärger, aber da leider nichts mehr daran zu ändern ist, können Sie genausogut weitermachen wie bisher. Es war ärgerlich und hat Ihnen nicht in den Kram gepaßt, aber es hat Ihr Leben nicht zerstört. Manchmal reagieren Sie auch während des Vorfalls ganz ruhig und erst später ganz anders:

Der Dorfpfarrer überbrachte einer ihm bekannten Frau die Nachricht, daß ihr Mann bei einem Verkehrsunfall getötet worden sei. Sie bat ihn ins Haus, bot ihm Kaffee an und fragte, ob er Milch und Zucker nehme. Sie blieb so emotionslos, bis sie die Leiche ihres Mannes sah.

Wahrscheinlich hat der erste Schock sie daran gehindert, etwas so Schreckliches zu glauben, und ihr zunächst dabei geholfen, die Nachricht zu bewältigen. Nicht-wahr-haben-Wollen ist eine starke und oft wunderbare Schutzreaktion auf Situationen zu hoher Belastung. Erinnern Sie sich noch an den Mann, der sagte, das Zusammenkehren von Leichenteilen nach einem Terroranschlag habe ihm nichts ausgemacht? Seine Verteidigungs- und Bewältigungsstrategie war genau die Unterdrückung seiner Gefühle, damit er seine Aufgabe zu Ende führen konnte. Es war ihm möglich, ruhig zu bleiben, seine Aufgabe auszuführen und die Situation zu bewältigen. Sie reagieren immer auf das, was um Sie herum geschieht, und wenn Sie ruhig, unberührt und beherrscht sind, dann sind das eben Ihre Reaktionen. Was später passiert, steht auf einem anderen Blatt.

Aber warum reagieren Sie überhaupt? Um das zu verstehen, sollte man die Abläufe in Gehirn und Körper näher betrachten. Beim Übergang von Eu-Streß zu Dys-Streß finden Veränderungen im Körper statt, die zum sogenannten »Kampf-oder-Flucht-Syndrom« führen. Stellen Sie sich vor, Sie wären ein Steinzeitmann oder eine Steinzeitfrau ...

Sie stehen vor einem Tyrannosaurus. Sie haben nur zwei Möglichkeiten: Sie stellen sich, oder Sie laufen weg. Sie können natürlich auch ohnmächtig zu Boden fallen oder kreischend um einen Baum herumlaufen, aber das wäre für einen Höhlenmenschen unpassend. Ihr Gehirn sendet verschiedene Botschaften an Ihren Körper, und das vegetative Nervensystem übernimmt die Führung. Sie brauchen nicht darum zu betteln, es passiert von ganz allein.

Aufgrund von Hormonausschüttungen – Adrenalin und Cortisol, das sogenannte Streßhormon – im Körper treten sofort bestimmte Veränderungen auf: Das Herz schlägt schneller, der Atem beschleunigt sich, das Blut wird von der Hautoberfläche weggepumpt, weil es an anderer Stelle dringend gebraucht wird und weswegen man blaß aussieht. Das Gehirn und die Muskeln werden vermehrt mit Blut versorgt, damit man schneller Entscheidungen treffen und besser reagieren kann, und der Verstand wird glasklar. Glukose, die zusätzlich Energie gibt, wird in den Blutstrom gepumpt, und der Mund ist trocken, weil das Verdauungssystem einen Gang zurückschaltet. Was jetzt am wichtigsten ist, ist das Überleben. Die Ausschüttung vieler weiterer Hormone hat zur Folge, daß Ihr Körper in höchste Anspannung und Alarmbereitschaft versetzt wird – Körper und Geist sind bereit loszurennen. Der Geist ist hellwach, die Muskeln sind angespannt, und Sie können schneller laufen und ausdauernder kämpfen. Diese physischen und psychischen Veränderungen steigern Ihre Überlebenschancen. Die Angst ist in diesem Fall etwas Positives, das Ihnen hilft, schneller zu laufen oder noch wilder zu kämpfen. Vielleicht springen Sie herum, schreien oder stampfen, und das vertreibt schließlich den Tyrannosaurus. Wahrscheinlich hätten Sie zwar keine allzu großen Chancen gegen einen Tyrannosaurus; aber es käme ohnehin nicht zum Kampf, denn wir wissen ja, daß die Dinosaurier ausgestorben sind, lange bevor Menschen die Erde bevölkerten.

Um es noch einmal deutlich zu sagen: Steigt der Streßpegel, so kommt es zu bestimmten körperlichen und seelischen Reaktionen. Unser Gehirn meldet uns nicht nur: »Mach dich bereit, such den Kampf!«, sondern trifft auch Vorbereitungen, um dem Körper bei der Bewältigung zu helfen, indem es Hormone und chemische Substanzen ausschüttet. Man reagiert physisch und emotional, ob man will oder nicht, und es läßt sich keineswegs vorhersagen, wie, wann oder warum man reagieren wird. Diese körperlichen und seelischen Symptome dienen dem Überleben, wenngleich man dafür mitunter einen hohen Preis bezahlen muß und langanhaltende Nachwirkungen auftreten können.

Eine Frau, die eine Flugzeugkatastrophe überlebt hatte, berichtete, daß die Angst vor dem Feuer und ihr Überlebensinstinkt sie dazu gebracht hatten, über die Sitze und sogar über die anderen Insassen zu klettern, um zu einem offenen Fenster zu gelangen. Später hatte sie tiefe Schuldgefühle, wenn sie daran dachte, aber sie hatte überlebt, während viele andere mit dem Leben bezahlten.

Physische Reaktionen

Körperliche und seelische Reaktionen können schon vor Beginn des Traumas einsetzen. Die Vorahnung, daß etwas passieren wird, kann bei der Vorbereitung auf das Ereignis helfen. Professionelle Rettungsleute sind der Meinung, daß Schulung und persönliche Erfahrung bei der Bewältigung hilfreich sind. Hört ein Feuerwehrmann auf dem Weg zu seinem Einsatz, daß er zu einem brennenden Haus gerufen wird, in dem jetzt schon Tote, darunter auch Kinder, zu erwarten sind, dann wird er versuchen, sich an einen vorhergegangenen ähnlichen Einsatz zu erinnern. Wie war dieser Einsatz, was hat er damals gesehen und getan, wie hat er reagiert und wie hat er es bewältigt? Der frühere Vorfall wird ihn nicht davor bewahren, heute betroffen zu sein, aber er kann ihm bei der körperlichen und psychischen Vorbereitung auf den bevorstehenden Einsatz helfen. Ist dies das erste solche Erlebnis, dann hat er möglicherweise mehr Angst und macht sich Sorgen, wie er wohl damit fertig werden oder ob er seine Kameraden im Stich lassen wird. Andererseits können sowohl ein sehr erfahrener Feuerwehrmann als auch ein Neuling absolut ruhig an die Sache herherangehen, auch wenn sie auf die Situation und die möglichen Folgen nicht vorbereitet sind. Die Reaktionen vor dem traumatischen Ereignis hängen von vielen unterschiedlichen Faktoren ab, von Schulung und Vorbereitung, von Erwartungen und früheren Erfahrungen, von Charakter und Persönlichkeit, von bereits erworbenen Bewältigungsstrategien und vom Privatleben. Von entscheidender Bedeutung sind auch die Reaktionen der Kollegen. Haben sie Angst, sind sie beunruhigt oder fürchten sie sich, sind sie ruhig und zuversichtlich? All dies kann ansteckend sein, so daß die anderen wahrscheinlich genauso reagieren.

Im folgenden werden einige der vielen möglichen körperlichen Symptome erläutert. Sie beeinflussen nicht nur weitere körperlichen Reaktionen, sondern auch die Gedanken und Gefühle und die Art und Weise, wie man das Erlebte interpretiert. Die Liste erhebt keinen Anspruch auf Vollständigkeit und unterstellt auch nicht, daß sämtliche Reaktionen bei allen Menschen auftreten, aber einige davon erlebt eine betroffene Person mehr oder weniger ausgeprägt auf jeden Fall.

Schock

Schock ist oft die erste Reaktion auf eine Belastungssituation. Man reagiert mit grenzenlosem Schreck, will es nicht wahrhaben, hat keine Gefühlsregung mehr und ist wie erstarrt. Vielleicht kann man nicht einmal mehr sprechen. Das Gehirn schickt eine Botschaft, die etwa folgendermaßen auslegbar ist: »Schalte ab, deine Art der Bewältigung ist, nicht zu glauben, daß es passiert ist.« Anfänglich hilft das auch. Einen kurzen Augenblick ist man wie erstarrt, danach folgen andere Reaktionen. Verursacht der körperliche Schock eine Verlangsamung des Blutflusses in den Adern, wird man höchstwahrscheinlich ohnmächtig. Manchmal verliert man sein Gedächtnis oder hat Erinnerungslücken infolge eines Schocks. Auch das vollständige Verneinen des traumatischen Ereignisses ist bekannt – man weiß, daß es einen böse getroffen hat, aber man glaubt oder akzeptiert es nicht, ganz besonders, wenn die Erinnerung daran zu schmerzlich und zu beunruhigend ist; in diesem Fall spaltet das Gehirn das Ereignis ab und verdrängt es. Manchmal bleiben nur einige Details des Traumas im Gedächtnis zurück, während andere völlig verschwinden.

Hysterie

Zu einer hysterischen Reaktion kann vieles gehören, zum Beispiel Schreien, zielloses und verwirrtes panisches Herumlaufen, völlige Abgestumpftheit und Ohnmacht. Manche Menschen können nicht mehr klar denken und reden oder sich bewegen.

Impulsives Verhalten

Ohne zu überlegen oder an die Folgen zu denken, sagt und tut jemand Dinge, die er sonst nicht tut, und trifft auf diese Weise falsche oder unangemessene Entscheidungen. Er wird möglicherweise gewalttätig und aggressiv, schlägt auf Menschen ein, beschädigt Dinge, läuft weg und versteckt sich. Häufig hört man dann folgenden Kommentar: »Das paßt gar nicht zu ihm, er ist wie ausgewechselt.«

Lustlosigkeit

Weiter kann es vorkommen, daß jemand müde und erschöpft, manchmal sogar chronisch müde ist. Am liebsten würde er in der Früh nicht aufstehen, und steht er doch auf, möchte er nicht zur Arbeit gehen und schon gar keine Entscheidungen treffen. Er ist physisch und psychisch ausgebrannt und hat das ständige Bedürfnis, zu schlafen und sich auszuruhen. Manchmal hat er auch das Gefühl, daß alles sinnlos ist.

Gesteigerte körperliche Empfindlichkeit und Erregbarkeit

Hier leidet eine betroffene Person unter Lärm, Menschen und Sinneseindrücken. Alles, was die anderen zu Hause oder bei der Arbeit sagen oder tun, ärgert sie. Oft wird jemand, der sie berühren oder umarmen möchte, zurückgestoßen. Der Lärm, den die eigenen spielenden Kinder machen, kann unerträglich werden, deshalb brüllt sie, wird zornig und herrscht sie an, aufzuhören; sie stürmt aus dem Zimmer oder sogar aus dem Haus, um zu entkommen. Jemand spricht mit ihr, sie versteht es völlig falsch, wird aggressiv und zornig, oder sie weint oder läuft weg. »Meine Nerven liegen seit einiger Zeit bloß, und schon die kleinste Nichtigkeit bringt mich aus dem Häuschen.«

Übertriebene Schreckreaktionen
Jemand kommt von hinten und klopft Ihnen auf die Schulter, um Sie auf etwas aufmerksam zu machen. Anstatt sich umzudrehen und zu sagen, daß Sie erschrocken sind, reagieren Sie völlig übertrieben: mit Wut, Aggression und vielleicht sogar mit Gewalt. Sie sind furchtbar schreckhaft, und schon ein Geräusch, ein Geruch, eine Berührung genügen, um Sie aus dem Konzept zu bringen. Alles, was Sie an das Erlebnis erinnert, kann dazu führen, daß Sie physisch und psychisch vor Angst und Furcht zittern.

Schmerzen und Enge in der Brust
Ein Engegefühl in der Brust ist ein weit verbreitetes Phänomen, das zusammen mit Herzrasen dazu führen kann, daß man glaubt, kurz vor einem Herzinfarkt zu stehen – ein Gefühl, das noch mehr Angst und Panik erzeugt.

Beschleunigte Atmung
Natürliche Reaktionen auf Belastung sind ein schnellerer Herzschlag, eine größere Spannung im Körper und ein erhöhter Sauerstoffbedarf, wodurch wir schneller atmen. Wenn sich der Atemrhythmus noch weiter steigert, kommt

es in der Regel zur Hyperventilation. Es treten Angst- und Panikgefühle auf, man kann ohnmächtig werden oder zu der Überzeugung gelangen, kurz vor dem Ersticken zu sein. Die Hyperventilation, die häufig mit starken Gefühlen wie Angst verbunden ist, führt zu einem Kohlendioxidmangel im Blut, und es kommt zu Taubheitsgefühlen in Fingern und Zehen sowie zu Kribbeln in den Muskeln. Um die Kohlendioxidmenge im Blut zu erhöhen, sollte man in eine Papier- oder Plastiktüte atmen.

Herzklopfen und Herzrasen

Weil der Körper mehr Sauerstoff braucht, schlägt das Herz schneller. Wenn jemand spürt, wie das Herz im Halse klopft und schlägt, kann das wiederum die Angst vor einem ernsthaften Herzproblem verstärken. Im Amerikanischen Bürgerkrieg und im Ersten Weltkrieg wurden solche Reaktionen »Soldatenherz« genannt, weil man glaubte, das Herz sei die Ursache. Daß das Soldatenherz die Folge von Angst, Furcht und Kriegshandlungen war, scheint nicht bekannt gewesen zu sein.

Schwitzen

Wenn ein Mensch Angst hat oder sich in einem Zustand der Erregung mit wild klopfendem Herzen befindet, muß der Körper wieder abgekühlt werden, und deshalb beginnt man zu schwitzen. Dadurch wird das Gefühl verstärkt, krank zu sein, und man ist darüber hinaus noch peinlich berührt, wenn man unter Körpergeruch leidet.

Körperliche Schmerzen

Auch wenn man nicht verletzt wurde, kann man an verschiedenen Stellen im Körper Schmerzen verspüren, zum Beispiel Magenschmerzen, Kopfschmerzen, Stechen in der Brust, in den Beinen und Armen. Nicht selten hat man das Gefühl, als hätte einem jemand in die Brust geschlagen oder in den Magen getreten. Trauernde behaupten oft, daß der Trauerschmerz ein intensiver körperlicher Schmerz sei: »Man fühlt sich leer, als wäre man von innen ausgehöhlt worden.« Andere meinen, einen Kloß im Hals, in der Brust oder im Magen zu haben.

Trockener Mund

Ich habe es bereits erwähnt: Weil der Verdauungsapparat seine Tätigkeit einstellt, wird der Mund trocken. Ein solcher Mund hat einen trockenen Hals zur Folge, wodurch man den Drang verspürt, häufig zu schlucken, was wiederum Durst erzeugt, den man mit Trinken stillen muß. Mitunter stellt sich auch Heißhunger ein.

Drang zur Toilette

Über die Angst, die eine große Wirkung auf die unterschiedlichen Schließmuskeln hat, werden gewöhnlich Scherze gemacht, aber es ist alles andere als spaßig, wenn diese Muskeln versagen, sondern vielmehr sehr unangenehm und mit großem Streß verbunden. Es hilft wenig, wenn man weiß, daß dies eine normale Reaktion auf Angst ist. Macht sich jemand naß oder schmutzig, verstärken sich die negativen Gefühle, er schämt sich, und es ist ihm peinlich.

Unnatürlich gesteigertes Selbstvertrauen

Der Adrenalinausstoß im Blut führt dazu, daß manche Menschen sich für unbesiegbar und unsterblich halten und sich auf große Mutproben einlassen, auch auf solche, die dumm sind und in die Katastrophe führen. Die Körpersprache, also Mimik und Gestik, vermitteln ein übertrieben gesteigertes Selbstvertrauen, und weil sie davon überzeugt sind, unfehlbar zu sein, treffen sie leicht eine falsche Entscheidung.

Akzeptanz und Ruhe

Ruhe und Akzeptanz der Dinge, die bereits geschehen sind oder gerade geschehen, sind sowohl körperliche als auch seelische Reaktionen. Soldaten haben berichtet, daß dieser Zustand helfen kann, einen möglichen Tod zu akzeptieren und, anstatt in Panik davonzulaufen, ein Gefühl von Ruhe und Frieden einkehren zu lassen. Man hat zwar trotzdem noch Angst, aber sie überwältigt einen nicht mehr. Ruhig zu sein und ruhig zu bleiben, kann zu vernünftigen und überlegten Entscheidungen führen, die die Überlebenschancen erhöhen. Es kann aber auch dazu führen, daß jemand nicht einmal einen Versuch macht, sich oder den anderen zu helfen, sondern nur tatenlos herumsitzt oder hilflos herumsteht.

Körpersprache, körperliche Aktivitäten und Bewegung

Es ist nur natürlich, daß wir Angst haben, wenn wir eine Rede halten müssen, bevor wir uns in Gefahr begeben oder wenn etwas plötzlich und unerwartet geschieht. Wir fangen zu schwitzen an und haben plötzlich »Schmetterlinge im

Bauch«. Wir laufen herum, um uns zu beruhigen, oder rennen in Panik davon. Die Schultern hängen herab, die Arme baumeln am Körper, das Gesicht ist ausdruckslos und alle Farbe aus ihm gewichen. Vielleicht sind wir aber auch ganz zuversichtlich, gehen auf und ab oder schlottern vor Angst. In extrem bedrohlichen Situationen können sich Menschen auch zusammenrollen und rund machen wie ein Ball, als wollten sie in den schützenden Mutterleib zurückkehren.

Verstärkter Alkohol- und Drogenkonsum
Eine weitverbreitete Reaktion auf traumatische Erlebnisse ist der verstärkte Konsum von Zigaretten, Alkohol sowie legalen und illegalen Drogen; alles dient dazu, die eigenen Gefühle zu betäuben und die Symptome abzuschwächen. Oftmals wird einem nach einem Schockerlebnis ein alkoholisches Getränk wie Schnaps angeboten, um die Sache »runterzuspülen«. »Trinken Sie, das wird Ihnen gut tun«, heißt es dann. Dies kann vorübergehend helfen, aber Alkohol wirkt nicht stimulierend, sondern macht depressiv und langfristig sogar abhängig.

Ein Veteran des Falkland-Krieges rauchte regelmäßig Haschisch, weil das Rauchen ihn immer in gute Stimmung versetzte, obwohl er wußte, daß er danach wieder in die Realität zurückkehren mußte. »Ich will mich wenigstens ab und zu gut fühlen«, war seine Philosophie.

All diese verschiedenen Reaktionen äußern sich körperlich, ziehen jedoch auch seelische Reaktionen nach sich. Dazu gehören:

Körperliche Reaktionen und Symptome verstehen

Verwirrtheit
Verwirrtheit kann dazu führen, daß jemand nicht mehr in der Lage ist, klar zu denken und richtige Entscheidungen zu treffen. Er sitzt entweder bewegungslos da, läuft wie gehetzt herum oder murmelt vor sich hin, redet ununterbrochen mit sich selbst oder mit anderen. Vielleicht hat er sogar vergessen, wer er ist, wo er sich befindet und was er tun soll.

Schweigen, Rückzug und Vermeidungsverhalten
Manche haben den Wunsch, allein zu sein, sich zurückzuziehen und in Ruhe gelassen zu werden. Sie beschreiben es so:

»Ich will die anderen davon abhalten, unpassende Fragen zu stellen, die vielleicht unerwünschte, schmerzliche Erinnerungen an Erlebnisse hervorrufen, die ich eigentlich vergessen möchte.«

Sie weichen Menschen und Situationen aus, werden aggressiv oder ausfallend, auch zu nahestehenden Menschen, nur um allein zu sein. Sie wollen mit niemandem über ihre Erlebnisse sprechen und werden böse und aggressiv, wenn andere nach dem Grund dafür fragen. Sie glauben, sich ihrer Reaktionen und Gefühle schämen zu müssen. Sie haben Angst, nicht verstanden und für einen Jämmerling und schwach gehalten zu werden, woraufhin sie sich noch mehr zurückziehen und sich noch einsamer fühlen. Sind sie schwierig, feindselig, wütend und aggressiv gegenüber anderen, werden die anderen versuchen, ihnen aus dem Weg zu gehen. Alles in allem ein Teufelskreis, der die eigene Einsamkeit noch verstärkt und der Beweis dafür ist, daß etwas ganz und gar nicht in Ordnung ist. Sie sind überzeugt, daß selbst die, die mit dabei waren, sie nicht verstehen, und meiden den Kontakt mit allem und jedem, das sie an das Ereignis erinnert. Einige vermeiden Treffen mit ebenfalls Betroffenen, und wenn sie doch hingehen, vermeiden sie das Gespräch über die schmerzlichen Erfahrungen. Trotz oder gerade wegen der Schrecken des Zweiten Weltkriegs gab es zum 50. Jahrestag eine Menge Gedenkveranstaltungen, die von vielen Menschen besucht wurden. Für manche waren jedoch die Erinnerungen daran noch so schmerzlich, daß sie es ablehnten, an den Veranstaltungen teilzunehmen.

Besessenheit
Im Gegensatz zu denen, die sich zurückziehen und über ihre Erlebnisse nicht reden möchten, erzählen diese Menschen unaufhörlich von dem Vorfall und was ihnen dabei zugestoßen ist. Auch das kann Grund dafür sein, warum sie von anderen gemieden werden. Niemand möchte mehr mit ihnen sprechen, weil sie unaufhörlich von dem Erlebten reden, geradezu besessen davon sind. Solche Menschen schreiben nicht selten Tagebuch, machen Notizen oder sammeln Zeitungsausschnitte, Videos und Fotografien. Ein Kriegsveteran sagte einmal: »Meine Kriegserlebnisse waren der Höhepunkt meines Lebens. Alles davor und danach verblaßt im Vergleich dazu. Deswegen muß ich mich daran erinnern und darüber reden.«

Unruhe und Schlafstörungen
Der eine kann nicht schlafen, während der andere Schwierigkeiten hat, wach zu bleiben. Schläft man, wird man von

Träumen und Alpträumen geplagt; darin ist man häufig in Situationen, in denen man keine Kontrolle über den eigenen Körper hat. Ich habe oft von einem Traum gehört, der in etwa so abläuft: Es ist, als ob man vor einem schrecklichen Ungeheuer flüchten müßte, das langsam, aber sicher immer näher kommt. Wahrscheinlich deutet der Traum auf das traumatische Erlebnis selbst und auf die Gefühle hin, die man währenddessen oder danach hatte. Man hat das Gefühl, daß etwas Fremdes ins eigene Leben gedrungen ist, das einen beherrscht und hilflos macht. Die einen wachen zitternd vor Furcht, schweißgebadet oder laut schreiend auf. Die anderen können überhaupt nicht schlafen, wandern rastlos und unruhig umher, was jedoch die Belastung nur noch erhöht.

Körperliche Gewalt gegen Menschen und Dinge
Wutausbrüche sind eine natürliche Reaktion auf traumatische Erlebnisse. Sie gehen oft mit dem Wunsch einher, jemanden die Schuld zuzuweisen, aktiv zu werden oder Vergeltung zu suchen. Es können kurze, heftige Ausbrüche sein, die gegen Gegenstände, andere Menschen oder einen selbst gerichtet sind. Sie tauchen entweder aus dem Nichts auf oder werden durch äußere Faktoren ausgelöst.

Als ein unter posttraumatischer Belastung leidender Mann nach Hause kam und sah, daß seine Frau ein paar Möbelstücke umgestellt hatte, rastete er aus. Er trommelte mit den Fäusten gegen die Tür und warf Geschirr und Gläser zu Boden. Ebenso hatte er besonderen Spaß daran, seine Wut an Kellnern und Straßenpolizisten auszu-

lassen; er genoß es geradezu, sich in Szene zu setzen. Sein regelmäßiger Kommentar war: »Ich liebe diesen Adrenalinrausch, weil ich mich dann selbst wieder spüren kann.«

Das sind nur einige der vielen möglichen Reaktionen, deren Bandbreite von leicht beunruhigend bis tief verstörend reicht. Sämtliche Reaktionen und Symptome sind jedoch natürlich, und selbst ernsthafte Symptome werden mit der Zeit verschwinden. Sie brauchen nicht automatisch davon auszugehen, daß etwas mit Ihnen nicht stimmt, wenn Sie unter einem oder mehreren der eben aufgezeigten Symptome leiden. Versuchen Sie statt dessen zu akzeptieren, daß körperliche Reaktionen und Symptome auch Ihre Gefühle und Gedanken beeinflussen.

4. Seelische Reaktionen und Symptome verstehen

Körperliche und seelische Reaktionen lassen sich nicht voneinander trennen. Wer bedroht wird, hat Angst, und die Angst ist eine ganz normale Reaktion. Die gleiche Bedrohung, die die Angst auslöst, veranlaßt den Körper hoffentlich, so zu reagieren, daß die Chancen, zu überleben und die Situation zu meistern, steigen. Man kann die Angst zwar unterdrücken und äußerlich unberührt und beherrscht wirken, aber im Innern ist sie weiterhin vorhanden. »Ich habe keine Angst«, beteuern Sie vielleicht, aber die Körpersprache, der rote Kopf, die verengten Pupillen und der starre Blick, die zusammengebissenen Zähne und die geballten Fäuste sowie die Art, wie Sie sprechen, vermitteln der Umwelt eine andere Botschaft.

Eine neue Theorie besagt, daß die Körperhaltung seelische Reaktionen auslösen oder zumindest beeinflussen kann. Machen Sie dazu folgende Übungen:
- Denken Sie an eine Zeit, in der Sie wirklich glücklich waren und noch lachen konnten. Setzen Sie ein Lächeln auf, so breit und glücklich wie nur möglich, und nehmen Sie eine dazu passende Körperstellung ein. Verharren Sie in dieser Haltung mit dem breiten Lächeln und den leuchtenden Augen. Versuchen Sie dann, in gleicher Haltung sehr traurig zu sein.

- Denken Sie jetzt an eine Zeit, in der Sie sehr wütend waren und diesem Gefühl Abhilfe verschaffen wollten. Versuchen Sie diese Wut noch einmal in sich aufsteigen zu lassen. Verkrampfen Sie Ihr Gesicht, beißen Sie die Zähne zusammen, ballen Sie die Hände zu Fäusten, als wären Sie außer sich vor Wut und Zorn. Verharren Sie in dieser Haltung ein paar Minuten, und versuchen Sie dann, ein Glücksgefühl aufkommen zu lassen.

Es kann sein, daß Ihnen diese Übungen nicht leichtgefallen sind. Wenn Sie wütend sind, werden Sie versuchen, entspannt und ruhig zu bleiben, doch die natürliche körperliche Reaktion wäre, automatisch eine entsprechende Körperhaltung einzunehmen, die den anderen Wut und Aggression signalisiert. Ihre Körpersprache bedeutet deshalb: »Achtung! Bitte fernbleiben! Ich bin auf Angriff eingestellt.« In unserer zivilisierten Welt erwartet man jedoch von Ihnen, daß Sie sich auch »zivilisiert« benehmen. Sie müssen höflich sein, dürfen nie wütend werden, und wenn es doch geschieht, dürfen Sie es nicht zeigen. Die körperlichen und seelischen Reaktionen treten jedoch auf, ohne daß man Einfluß darauf nehmen könnte.

Nehmen wir einmal an, daß Sie über die Art der Behandlung, die Ihnen soeben zuteil wurde, ernsthaft erbost sind. Ihre natürliche Reaktion wäre, der Wut entweder freien Lauf zu lassen oder einfach wegzulaufen, aber Sie können keines von beidem tun, weil Sie sich gerade im Auto oder im Restaurant befinden oder ein Gespräch mit Ihrem Partner oder Ihrem Chef führen. Die Hormone und Gefühle im Innern brodeln, doch Sie beißen die Zähne zusammen, beherrschen sich und unterdrücken Ihre Gefühle und inneren Regungen. Die Unterdrückung körperlicher Reaktionen und Gefühle führt jedoch zu weiteren Reaktionen. Und plötzlich sagen Sie sich: »Mit mir stimmt etwas nicht. Warum bin ich nur so wütend und innerlich so angespannt? Langsam aber sicher drehe ich durch.« Ein zentrales Thema dieses Buches ist, daß Sie sich dann etwa das folgende sagen:

»Ich bin in Ordnung. Ich hatte ein traumatisches Erlebnis, und dieses traumatische Erlebnis ist für meine Reaktionen verantwortlich. Das Trauma habe ich mir nicht ausgesucht, und es ist nicht meine Schuld, daß ich jetzt so reagiere. Meine Reaktionen sind natürlich, auch wenn sie im Augenblick belastend sind. Gebt nicht mir, sondern dem traumatischen Erlebnis die Schuld und den Menschen, die es ausgelöst haben.«

Machen Sie sich dieses »Mantra« zu eigen. Schreiben Sie es auf eine Karteikarte, tragen Sie es in Ihrer Tasche mit und wiederholen Sie es immer wieder. Es ist kein Sofortheilmittel, aber es kann Ihnen helfen, die Dinge sachlich zu betrachten und das Gleichgewicht zwischen dem Erlebten und Ihren Symptomen wieder herzustellen.

Psychische Reaktionen

Traumatische Erlebnisse lösen heftige Gefühle aus. Die nachfolgend beschriebenen sind typische Symptome; sie können ähnlich wie körperliche Reaktionen flüchtig und von kurzer

Dauer oder schwerwiegend und lang anhaltend sein. Sie werden auch bei den verschiedenen Gefühlen Parallelen feststellen, ähnlich wie bei den körperlichen Symptomen.

Furcht
Furcht kann von leichtem Unwohlsein bis hin zu großer Angst und dem Gefühl der Bedrohung reichen. Sie kann schon vor dem traumatischen Erlebnis entstehen und auch anschließend noch vorhanden sein.

- Werde ich überleben? Werde ich mein Bestes geben, oder werde ich versagen?
- Ich werde damit nicht zurechtkommen und andere im Stich lassen.
- Ich habe Angst und fürchte mich vor dem, was die Zukunft bringt.

Durch Hyperventilation, Muskelverspannungen, durch körperliche Schmerzen sowie die Unfähigkeit, sich zu entspannen und zu schlafen, verstärkt sich die Furcht, wodurch es zu Depressionen und Gefühlen der Hoffnungslosigkeit kommen kann. Man ist überzeugt, eine schwere Krankheit zu haben, und glaubt, daß jeden Moment etwas Schreckliches passieren wird. Man hat manchmal das Gefühl, neben sich zu stehen und das eigene Leben von außen zu betrachten.

Gesteigerte Verletzlichkeit
Passiert etwas Schlimmes oder Unerwartetes, so werden in der Regel die eigenen Überzeugungen und der Glaube an die Welt erschüttert. Man fühlt sich bedroht und verfolgt, hat

Wut- und Ohnmachtgefühle. »Warum gerade ich? Das hätte mir nicht passieren dürfen.« Die vermeintliche Gewißheit, in der Welt sicher zu sein, wurde durch das Trauma erschüttert, und in den eigenen Gedanken und Handlungen herrscht Endzeitstimmung. Man fühlt sich noch immer verwundbar, obwohl das Trauma schon eine Weile zurückliegt. Die Folge sind Furcht, Angst und Panik.

Gesteigerte Wachsamkeit
Ihr Geist und Ihr Körper befinden sich in höchster Alarmbereitschaft: Es ist etwas passiert, was sich jederzeit wiederholen kann. Seien Sie auf der Hut! Die selbstverständliche Sicherheit Ihres früheren Lebens ist dahin, Sie fühlen sich ständig bedroht. Vielleicht meiden Sie jetzt Menschen und Plätze, die für Sie eine Bedrohung darstellen könnten. Sie sind übervorsichtig, installieren eine Alarmanlage in Haus und Auto und vermeiden jegliche gefährliche Situation. Aber nicht alle Menschen reagieren so. Möglicherweise lernen Sie auch aus dem traumatischen Erlebnis, so daß Sie jetzt zum Beispiel vorsichtiger Auto fahren.

Immer wenn Julie auf der Straße spazierengeht, plagen sie solche Gedanken: »Ehe ich das Geschäft an der Ecke erreiche, wird etwas Schlimmes passieren.« Sie leidet unter Schweißausbrüchen und Angstzuständen und ist in ständiger Sorge, daß etwas Schreckliches geschieht. Wenn sie bei dem Geschäft ankommt und nichts passiert ist, wird sie erleichtert aufseufzen, nur um in der gleichen Sekunde zu sagen: »Es passiert, bevor ich die nächste Ecke erreiche.« So erging es ihr schon viele Male.

Seelische Reaktionen und Symptome verstehen

Ähnlich wie übertriebene Schreckreaktionen kann dieses Symptom plötzlich, als Reaktion auf etwas Unerwartetes, auftreten. Man reagiert aggressiv und gewalttätig, oder aber man zittert vor Angst.

Angst
Angst setzt körperliche und seelische Energie frei und ist somit eine gute Überlebenshilfe – sie läßt uns entweder kämpfen oder weglaufen. Angst kann auch dazu führen, daß wir erstarrt und bewegungsunfähig sind. Aber auch in anderen Lebensbereichen kann sich die Angst bemerkbar machen: in einer Nichtigkeit, die uns vollkommen aus dem Häuschen bringt oder nervös und zornig macht.

Panik
Panik ist sowohl ein körperliches als auch ein seelisches Symptom und gleichzeitig eine Mischung aus Furcht und Angst. Manch einer rennt ziellos umher, schreit und weint. Ein anderer redet sinnloses Zeug, macht dauernd das Falsche oder trifft gefährliche Entscheidungen, weil er die Gefahr nicht erkennen kann. Ein dritter reagiert völlig versteinert, oder die Panik hilft ihm, wegzulaufen und sich dadurch zu retten, vorausgesetzt, er rennt schnell genug und in die richtige Richtung!

Besorgnis
Die Rede ist von der Sorge um sich selbst oder der Sorge um andere. Viele Besorgte treffen die richtigen Entscheidungen und machen genau das Richtige, wie die vorher erwähnte Frau beim Flugzeugabsturz, die über andere Passagiere

kroch. Die Sorge um andere lenkt von den eigenen Gefühlen ab, wodurch man in der Lage ist, klar zu denken. Nur wenn sich jemand zu große Sorgen um die anderen oder sich selbst macht, verstärken sich die Gefühle und führen zu Furcht und Unentschlossenheit.

Verwirrtheit und Unsicherheit

»Ich weiß nicht, was ich tun soll, ich habe das Gefühl, auf der Stelle zu treten. Ich bin so durcheinander.« Das Gefühl, keine Entscheidung treffen zu können, läßt einen immer schweigsamer und passiver werden, oder man rennt schreiend umher, weiß nicht mehr, wer und wo man ist und was man tun wollte.

Ein Mensch, der sich in einer bedrohlichen Situation befindet, beschließt vielleicht, gar nichts zu tun, denn alles könnte schwerwiegende Folgen haben und ihn selbst und andere verletzen oder gar töten. Er ist hilflos, aber es ist ihm klar, daß dies eine bewußte und vernünftige Entscheidung ist. Das Gefühl der Hilflosigkeit entsteht jedoch auch infolge von Angst, Furcht und Bedrohung. Beides kann zu Schuldgefühlen führen und zu der Überzeugung, daß man hätte handeln müssen.

Ein junger Bauarbeiter wurde in seiner Firma überfallen und händigte dem Räuber das geforderte Geld ganz ruhig aus. Anschließend hatte er fürchterliche Gewissensbisse und Schuldgefühle, denn er war der Meinung, er hätte dem Räuber das Gewehr entwenden und ihn überwältigen müssen. Die Tatsache, daß er sehr sportlich war und Bodybuilding machte, verschlimmerte seine Schuld-

gefühle noch. Es schien keine Rolle zu spielen, daß ihm sein gesunder Menschenverstand sagte, daß das Gewehr vermutlich geladen war und er und andere zu Schaden hätten kommen können, wenn er sich anders verhalten hätte. Das Gefühl der Hilflosigkeit bedrückte ihn furchtbar und beeinflußte alle Lebensbereiche. Plötzlich bereiteten ihm Dinge Angst, die gar nicht mit Risiken verbunden waren. Die Rückkehr zu seinem Arbeitsplatz wurde zum Alptraum, und jedesmal, wenn er mit dem Bus fuhr oder über die Straße ging, rechnete er damit, dem Räuber zu begegnen.

Diese Symptome hielten zwei Wochen lang an, und obwohl der junge Bauarbeiter inzwischen wieder vollständig genesen ist, kann er sich noch gut an das Gefühl der Ohnmacht erinnern. Schon ein Blick, ein Ton, ein Geruch oder eine Berührung genügen, um die Symptome wieder auszulösen.

Eine Frau, die auf offener Straße beraubt worden war, ging nach Hause und warf als erstes das Aftershave ihres Mannes in den Abfalleimer. Sie sagte, der Räuber benutze das gleiche Aftershave wie ihr Mann und der Geruch löse in ihr Gefühle von Angst und Hilflosigkeit aus. Später konnte sie darüber lachen, denn der einzige Kommentar ihres Mannes war: »Das Aftershave ist aber teuer gewesen.«

Das Gefühl der Leere und Hoffnungslosigkeit
Sie haben plötzlich das Gefühl, daß alles, was Sie tun oder getan haben, sinnlos ist. Sie fühlen sich wie ein Roboter und

funktionieren nur deshalb, weil Sie schon immer funktioniert haben und weil das Leben weitergehen muß. Was Sie erlebt und erfahren haben, ist so überwältigend, daß alles andere daneben verblaßt und trivial geworden ist.

Ein Polizist, der zu einem schrecklichen Verkehrsunfall gerufen worden war, hatte plötzlich Schwierigkeiten, am Morgen aufzustehen. Er sah in seiner Arbeit, seinen Entscheidungen und seinem Tun keinen Sinn mehr und pflegte nur noch zu sagen: »Wenn Sie das erlebt haben, was ich erlebt habe, erscheint Ihnen das ganze Leben bedeutungslos. Warum soll man sich noch bemühen und weitermachen? Es ist doch alles unwichtig.«

Wut, Aggression und Gewalt
Sie haben den Eindruck, daß man auf Ihnen herumhackt, Sie sind wütend und wollen Ihre Gefühle an anderen auslassen. Sie fragen sich: »Warum ist das passiert, und warum gerade mir?« Dinge, die Sie sonst nie aus der Ruhe bringen, lösen einen Wutanfall aus, und diese Wut würden Sie am liebsten an allen abreagieren, insbesondere an Familienmitgliedern, an Freunden und Kollegen. Vielleicht lassen Sie Ihre Wut sogar an jemandem aus, der Ihnen helfen will. Sie klagen Gott an, auch wenn Sie gar nicht religiös sind, und wenn jemand verletzt oder sogar getötet wurde, können Sie auch diese Menschen beschuldigen. Eine solche Wut kann sich leicht in Gewalt verwandeln, die sich wenigstens häufiger gegen Dinge als gegen Menschen richtet.

Gefühlstaubheit

Gefühlstaubheit tritt meistens mit dem ersten Schock auf, sie kann jedoch auch zu einem sehr viel späteren Zeitpunkt eintreten. Sie fühlen nichts außer körperlicher und seelischer Taubheit. Die anderen reden mit Ihnen oder tun etwas, was für gewöhnlich eine Reaktion hervorrufen würde, aber Sie sind unfähig zu reagieren. Sie fühlen gar nichts. Dies kann zur Bewältigungsstrategie Ihres Körpers dazugehören: Sie brauchen Ruhe und müssen sich erholen, deshalb werden Ihre seelischen Reaktionen auf Sparflamme gehalten; oder das Erlebnis ist zu schmerzhaft, und deshalb schützen Sie sich vor Ihren eigenen Gefühlen, indem sie diese abspalten und die anderen Menschen nicht teilnehmen lassen.

Euphorie und Überschwang

Es ist normal, sich euphorisch und dankbar zu fühlen, wenn man überlebt hat, aber dieser Zustand kann in Niedergeschlagenheit und Depression umschlagen, sobald das Adrenalin im Blut abgebaut ist. Dies ist die Ruhe nach dem Sturm. Es kann auch umgekehrt laufen: Zuerst ist man traurig und desillusioniert, wütend und ängstlich, aber mit der Zeit fühlt man sich so, als ob man etwas Großes geleistet hätte. Man staunt über sich selbst, daß man das Trauma so gut bewältigt und so viel neues Selbstvertrauen gewonnen hat.

Trauer und Depression

Trauer ist eine natürliche Reaktion auf Verlust, die zu Depression führen kann; diese beiden Gefühle sind jedoch nicht dasselbe. Wenn Sie traurig sind, fühlen Sie sich trotzdem lebendig, wenn Sie hingegen depressiv sind, spüren Sie nichts als eine tödliche innere Leere. Alles scheint sinn- und hoffnungslos.

Eindringende Gedanken und Bilder

Es dringen plötzlich Gedanken und Bilder in Ihren Kopf, wenn Sie es gar nicht wollen. Diese werden entweder durch ein äußeres Ereignis wie etwa einen Blick, ein Geräusch, einen Geruch, einen Geschmack oder eine Berührung ausgelöst, oder sie kommen einfach aus dem Nichts, wenn Sie gerade nicht daran denken, ein Buch lesen oder vor sich hin dösen. Diese Gedanken und Bilder können leicht beunruhigend oder lebhafte Nachhallerinnerungen und Flashbacks sein, die das Gefühl der Wiederholung des Traumas aufleben lassen und Sie zerstört, schwitzend und zitternd zurücklassen. Manche haben ein klares Bild vor ihrem geistigen Auge: Sie sehen einen Gegenstand, einen Menschen oder eine Szene, und dies löst beunruhigende Erinnerungen aus. Ein anderes Mal kann es ein Gedanke oder eine Frage sein: »Ich hätte mehr tun müssen, aber ich war so hilflos, ich bin ein nutzloser Jammerlappen. Warum habe ich nichts getan?« Träume und Alpträume sind dazugehörende häufig auftretende Symptome. Die eindringenden Gedanken und Bilder können aber auch positiv und tröstlich sein.

Scham, Schuldgefühle, Bitterkeit, Gewissensbisse

»Hätte ich anders reagieren sollen oder können?« »Habe ich genug getan?« »Habe ich das Richtige getan?« Solche Fragen können Scham, Schuldgefühle, Bitterkeit und Gewissensbisse auslösen. Bei Überlebenden traumatischer Ereignisse, bei denen andere verletzt oder getötet wurden, treten häufig Schuldgefühle auf, weil sie überlebt haben. Sie denken nicht: »Gott sei Dank, ich habe überlebt«, sondern: »Ich darf nicht leben, andere haben nicht überlebt, warum bin ich noch am Leben?« Sowohl Schuldgefühle als auch das Gefühl, zu Unrecht bei den Überlebenden zu sein, können an einem nagen und tiefes Bedauern, Trauer und Depression hervorrufen. Noch schlimmer kann es sein, wenn jemand durch einen Fehler das traumatische Ereignis ausgelöst hat und die Schuld an dem Vorfall trägt. Dies kann zu völligem körperlichem und seelischem Rückzug von der Familie oder der Gemeinschaft führen, zum Verlust der Fähigkeit, in seinem Beruf weiterzuarbeiten, und in manchen Fällen sogar zu Selbstverstümmelung und Selbstmord.

Isolation und Vereinsamung
Schmerzliche und leidvolle Erfahrungen erzeugen eine Kluft zwischen einem Menschen und seiner Umwelt. Ihr Partner, die Familie und die Freunde waren nicht dabei, deshalb können sie das Erlebte nicht nachvollziehen. Umgekehrt wollen Sie nur mit denen zusammen sein, die das traumatische Erlebnis mit Ihnen geteilt haben. Aber auch diese können nicht immer nachvollziehen, wie Sie sich fühlen. Ihre Gefühle können Frustration, Isolation und Vereinsamung hervorrufen. Andere wiederum fühlen sich durch Sie bedroht und fürchten, daß das, was Sie erlebt haben, »ansteckend« sein könnte. Vielleicht gehören Sie auch zu denen, die anfänglich nicht sprechen wollten, und daher glauben alle, daß es Ihnen gut geht – aber vier Wochen später müssen Sie mit jemandem darüber sprechen. Nun, da der Vorfall schon

einige Zeit zurückliegt, sagen die anderen vielleicht: »Das hast du aber vorher nie erwähnt, jetzt müßtest du doch darüber hinweg sein.« Dies verstärkt nicht nur das Gefühl der Einsamkeit, sondern auch Ihre Wut und Hoffnungslosigkeit oder den Wunsch nach Abkehr von den anderen.

All diese Reaktionen können das, was Sie glauben, und die Art, wie Sie denken, beeinflussen. Umgekehrt können Ihr Glaube und Ihre Gedanken Ihre Art zu reagieren beeinflussen. Darauf wird in Kapitel 5 noch näher eingegangen.

Posttraumatische Belastungsstörung

Ich möchte noch einmal folgendes betonen:

Die oben aufgezeigten Symptome, egal ob somatische oder psychische, sind natürliche und vorübergehende Reaktionen auf traumatische Ereignisse.

Gedanken und Gefühle tauchen immer wieder auf, besonders wenn etwas oder jemand eine Erinnerung wachruft und somit eine Reaktion auslöst. Eine Zeitlang werden Sie diese Symptome verspüren, aber mit der Zeit werden sie schwächer, bis sie schließlich ganz verschwinden. Sie werden nicht vollkommen aus Ihrem Gedächtnis gelöscht, deswegen können sie Jahre später noch in Ihrer Erinnerung auftauchen und die gleichen Gefühle wie zur Zeit des traumatischen Ereignisses hervorrufen. Aber Sie können mit diesen Gefühlen umgehen.

Es gibt traumatische Erlebnisse und Reaktionen darauf, die man nicht gerne wiedererlebt, denn sie lösen heftige und äußerst beunruhigende Gefühle aus. Bei sexuellem oder körperlichem Mißbrauch in der Kindheit, Tod eines geliebten Menschen oder einer verheerenden Katastrophe erwarten Sie wahrscheinlich auch nicht, daß Ihnen die Erinnerung daran leichtfällt. Sie bemühen sich sehr, die Erinnerungen in Ihrem Gedächtnis auszulöschen, doch auch wenn Sie sich noch so bemühen, Ihr Leben ist seitdem verändert. Erinnerungen, körperliche und psychische Reaktionen im Zusammenhang mit dem traumatischen Erlebnis überwältigen Sie immer wieder. Aber selbst mit ernsthaften Symptomen ist es Ihnen immer noch möglich, sich klarzumachen, wie und warum Sie so reagiert haben, und sich Strategien zur Bewältigung zurechtzulegen. Wenn die Reaktionen und Gefühle jedoch bestehen bleiben oder sich sogar verstärken, können sie sich in Quantität und Qualität verändern.

Nach dem Vietnamkrieg traten bei 15% der Kriegsveteranen schwere körperliche oder seelische Symptome auf. Viele Kriegsveteranen sahen sich in bezug auf ihre Beziehungen, ihre Gesundheit und ihre Lebenstauglichkeit vor einem Scherbenhaufen. Die Symptome ähnelten denen von Opfern von Vergewaltigung, sexuellem Mißbrauch, Gewalt oder Zivilkatastrophen. Im Jahre 1980 wurden diese Symptome erstmalig in einem Buch, das die Amerikanische Gesellschaft für Psychiatrie herausbrachte, unter dem Begriff *PTBS* (Posttraumatische Belastungsstörung) zusammengefaßt.

Bei der Diagnose der Posttraumatischen Belastungsstörung stützt man sich auf die folgenden Kriterien:

1. Die Person erlebte, beobachtete oder war mit einem oder mehreren Ereignissen konfrontiert, die einen tatsächlichen oder drohenden Tod, ernsthafte Verletzung oder eine Gefahr der körperlichen Unversehrtheit der eigenen Person oder anderer Personen beinhalteten.
2. Die Reaktion der Person umfaßte intensive Furcht, Hilflosigkeit oder Entsetzen.

Darüber hinaus treten in der Regel Elemente der folgenden drei Verhaltensweisen als Reaktion auf das Erlebnis auf:

Wiedererleben des Traumas
»Eindringliche« Symptome sind: wiederkehrende und intensive Flashbacks, Nachhallerinnerungen und Bilder, die plötzlich in der Gegenwart auftauchen und das Wiedererleben des Traumas verursachen; beunruhigende Alpträume, aus denen man schwitzend und schreiend aufwacht; seelische und körperliche Belastung, weil man Erinnerungen an das traumatische Erlebnis ausgesetzt ist.

**Vermeidungsverhalten –
erst nach dem Trauma aufgetreten**
Vermeidungssymptome sind folgende: Unterdrücken von Gefühlen; Meiden von Gedanken, Gesprächen, Orten und Menschen, die Erinnerungen an das Trauma hervorrufen könnten; die Unfähigkeit, sich Szenen aus dem Trauma ins Gedächtnis zu rufen; das Fehlen jeglichen Interesses an Familien- oder gesellschaftlichen Aktivitäten; Gefühle des Losgelöstseins von anderen; die Unfähigkeit, Liebe und Zuneigung auszudrücken; Todesahnungen und Endzeitstimmung.

Erregungszustände – erst nach dem Trauma aufgetaucht

Zu diesen Symptomen rechnet man folgende Störungen: Schlafstörungen, leichte Reizbarkeit, Wut- und Gewaltausbrüche; Konzentrationsstörungen; übertriebene Wachsamkeit und übertriebene Schreckreaktionen.

Darüber hinaus müssen die Symptome zu einer erheblichen Unfähigkeit führen, mit Beziehungen, Beruf oder dem Leben im allgemeinen zurechtzukommen. Klingen die Symptome nach weniger als drei Monaten ab, so spricht man von »akuten« Symptomen. Wenn sie drei Monate und länger anhalten, spricht man von »chronischen« Symptomen. Von »verzögertem Eintreten« ist die Rede, wenn die Symptome später als sechs Monate nach dem Trauma zum erstenmal auftreten. Sie können auch mit einem gesundheitlichen Zusammenbruch, schwerer Depression, Alkoholabhängigkeit oder Drogenkonsum einhergehen. Kurz nach einem traumatischen Vorfall würde man diese Symptome noch nicht einer Posttraumatischen Belastungsstörung, sondern einer Akuten Belastungsstörung zuordnen. Diese Symptome können, müssen aber nicht zu einer PTBS führen.

Größere Schwierigkeiten bereitet der Umstand, daß man nicht weiß, was zu einer PTBS führt, warum es dazu kommt und wer darunter zu leiden hat. Sie ist nicht auf einer Skala meßbar, die unten bei akuter Belastungsstörung mit leichten Symptomen beginnt und bis zu Posttraumatischer Belastungsstörung mit schweren Symptomen reicht. Außerdem tritt PTBS nicht nur nach schweren traumatischen Vorfällen wie Krieg oder Kriegshandlungen auf, sondern bereits nach relativ »unbedeutenden« Vorfällen wie einem Verkehrsunfall, Raubüberfall, medizinischen Eingriffen, Herzinfarkt oder schweren Geburten. Es ist nicht bewiesen, aber die folgenden Faktoren könnten die Entwicklung positiv oder negativ beeinflussen:

- die traumatische Natur des Vorfalls
- Vorbereitung und regelmäßiges Training für traumatische Vorfälle
- die Art der Unterstützung während und nach dem traumatischen Erlebnis
- die allgemeine Verletzbarkeit aufgrund von Persönlichkeit und Charakter, von früheren oder gegenwärtigen schwierigen Erfahrungen, von erworbenen Bewältigungsmechanismen
- genetische Faktoren

Das heißt aber noch lange nicht, daß Sie PTBS bekommen müssen, nur weil Sie ein schweres traumatisches Erlebnis hatten, darauf nicht vorbereitet waren, Ihnen während und nach dem Trauma keine Unterstützung angeboten wurde, Sie eine schwierige Kindheit hatten, mit Belastungen und traumatischen Situationen schlecht umgehen können und im übrigen viele Probleme im Leben haben. Viele Menschen, bei denen gleich nach dem Trauma Symptome von PTBS auftreten, können innerhalb kurzer Zeit wieder davon befreit sein. Nur bei einer Minderheit klingen die Symptome nicht ab oder verstärken sich, so daß später eine PTBS diagnostiziert wird. Man weiß auch von Fällen, bei denen die Symptome erst Jahre später und nicht sofort im Anschluß an das traumatische Erlebnis auftraten.

Seelische Reaktionen und Symptome verstehen

Ein Polizist, der während der dreißig Jahre seines Dienstes bei der Polizei viele traumatische Vorfälle erlebt hatte, kam in dieser Zeit immer gut mit den Erlebnissen zurecht. Erst vier Jahre nach seiner Entlassung aus dem Dienst litt er plötzlich unter Alpträumen und Nachhallerinnerungen, Angstzuständen, Depressionen, und sein Leben erschien ihm sinnlos. Man stellt eine PTBS bei ihm fest.

PTBS wirft den Patienten unverhofft in eine vorher nicht existente Erfahrungswelt hinein. Moderne Forschungen gehen davon aus, daß signifikante Änderungen in der Gehirnfunktion dafür verantwortlich sein könnten. PTBS und die Physiologie des Gehirns sind Thema vieler wissenschaftlicher Forschungen, aber es gibt noch keine gefestigten Erkenntnisse darüber, wie das Gehirn auf erhöhte Belastung und Trauma reagiert. Es scheint jedoch unbestritten, daß übermäßige Belastung und traumatische Erlebnisse zu einer Veränderung in den neurobiologischen Abläufen im Gehirn führen können. Dies wiederum beeinflußt unsere Art zu denken, unsere Selbstsicht und unsere Ansichten über die Welt um uns herum. Viele Menschen haben bis zu einem bestimmten Grad posttraumatische Belastungssymptome, können aber wieder vollständig gesund werden. Nur eine Minderheit wird an Posttraumatischer Belastungsstörung erkranken. Ich hoffe, inzwischen deutlich gemacht zu haben, daß PTBS nicht die unbedingte Folge von Posttraumatischer Belastung ist. Die Symptome können ähnlich sein, sind aber im Grunde genommen sehr unterschiedlich in der Auswirkung.

Wenn Sie dieses Buch lesen und der Meinung sind, unter PTBS zu leiden, sollten Sie nicht glauben, daß man nichts dagegen tun kann: Suchen Sie Hilfe! Denn auch wenn Sie glauben, daß Sie genügend wissen, um sich selbst zu helfen, brauchen Sie höchstwahrscheinlich noch viel mehr Informationen. Es gibt Fachleute, die Ihnen gezielt helfen können. Aber vielleicht leiden Sie gar nicht an PTBS, sondern an akuten Symptomen posttraumatischer Belastung. Ratschläge und Anleitungen für deren Bewältigung finden Sie in Kapitel 7 und 8.

5. Mit posttraumatischer Belastung leben

Hatten Sie selbst ein traumatisches Erlebnis? Wenn ja, hat es Auswirkungen auf Sie, auf Ihren Partner, auf Ihre Kinder, Ihre Freunde und Arbeitskollegen. Wenn Sie mit einem Menschen zusammenleben, der traumatisiert wurde, fällt es Ihnen höchstwahrscheinlich schwer, sich in den anderen hineinzuversetzen. Sie wissen nicht, was Sie tun oder sagen sollen. Auch Kinder erfahren die Auswirkungen, weil sie zum einen entweder selbst betroffen sind oder unter einem Dach mit einem Menschen leben, der betroffen ist. Die Nachwirkungen eines Traumas breiten sich wie konzentrische Wellen aus und erfassen auf diese Weise immer größere Kreise von Menschen. Selbst Ärzte und Helfer, die mit traumatischen Erlebnisse tagtäglich in Berührung kommen, bleiben davon nicht verschont.

Opfer/Überlebende

Ganz gleich, ob Sie sich als Opfer oder als Überlebender sehen, sollten Sie sich immer wieder das folgende ins Gedächtnis rufen:

Sie wären nicht betroffen, wenn Sie kein traumatisches Erlebnis gehabt hätten.

Obwohl diese Schlußfolgerung logisch ist, ist sie gefühlsmäßig nicht immer leicht nachvollziehbar und vielleicht sogar schwer zu glauben. Das Erlebnis und die damit verbundene Erfahrung kann Ihr Leben und Ihre Beziehungen zerstören und zu der Frage führen, wie Sie damit nur fertig werden sollen. Wenn Sie erkennen, daß auch Partner und Kinder davon betroffen sind, können Schuldgefühle und das Gefühl der Hilflosigkeit überhand nehmen. Nur wer versteht, daß die Reaktionen auf das Trauma von einer Reihe von Faktoren beeinflußt werden, kann letztlich begreifen, was geschehen ist. Versuchen Sie, über die folgenden Fragen nachzudenken und sie zu beantworten. Um die eigenen Gedanken und Gefühle zu ordnen, sollten Sie die Antworten schriftlich festhalten:

Die Art des Erlebnisses
- Wie schrecklich, bedrohlich, angsteinflößend und beunruhigend war es?
- Waren Sie darauf vorbereitet, oder kam es überraschend?
- Haben Sie befürchtet, Sie würden sterben? Hätten sie getötet oder verletzt werden können?
- Gab es Tote und Verletzte, und handelte es sich dabei um Kinder und Jugendliche?
- Haben Sie das Gefühl, daß das Erlebnis Ihnen die Kontrolle über Ihr Leben entrissen hat?

Je unerwarteter und überraschender, je angsteinflößender und beunruhigender ein Erlebnis und je länger man ihm ausgesetzt ist, desto gravierender sind die darauf folgenden Reaktionen und Symptome. Die Angst, sterben zu müssen, ist eine vernichtende Erfahrung. Dieses Gefühl ist mitunter so stark, daß selbst der Gedanke daran Angst auslösen kann. Die Reaktionen und Symptome sind noch intensiver und beunruhigender, wenn Menschen bei dem Ereignis ums Leben kamen oder verletzt worden sind, vor allem, wenn es sich dabei um Kinder und Jugendliche handelt. Auch Sinneseindrücke von dem Erlebnis können angsteinflößende und entsetzliche Erinnerungen auslösen.

Eine junge Polizistin wurde in ein Haus gerufen, in dem ein alter Mann in seinem Bett verbrannte. Er war mit brennender Zigarette eingeschlafen. Jahre später, die Polizistin war inzwischen Kommissarin, sagte sie, sie habe danach nie wieder gebratenes Fleisch essen können, weil der Geruch sie immer an damals erinnere.

Kontrollverlust
Der Verlust von Kontrolle spielt ebenfalls eine wichtige Rolle. In der Regel ist jeder Mensch davon überzeugt, ein gewisses Maß an Kontrolle über sein Leben zu besitzen, und glaubt, daß schlechte Dinge immer nur den anderen widerfahren. Einem selbst kann so etwas gar nicht passieren! Erst wenn man selbst durch ein traumatisches Erlebnis verändert wurde, erkennt man staunend, daß es einem doch passieren kann. Etwas oder jemand hat einem die Kontrolle geraubt. Man fühlt sich hilflos, verletzlich, verwirrt, wütend, ängstlich, bedroht und schwach, als Versager. Das Leben wird zunehmend unberechenbarer. Wenn auch Sie sich so fühlen, sollten Sie sich die folgenden Fakten ins Gedächtnis rufen:

- Es war das Erlebnis, das die Symptome ausgelöst hat.
- Je schlimmer das Erlebnis, desto schwerwiegender die Symptome.

Ihre eigenen Erfahrungen
- Welche Probleme gab es vor diesem Erlebnis in Ihrem Leben?
- Gibt es außer den Auswirkungen dieses Vorfalls noch andere Schwierigkeiten in Ihrem Leben?
- Wie wirken sich diese auf Ihre Symptome aus?
- Wie verletzlich waren Sie früher?
- Wie verletzlich fühlen Sie sich heute?

»Ich habe so etwas schon mehrfach erlebt, außerdem bin ich hart im Nehmen, deshalb frage ich mich, warum es mich diesmal so mitgenommen hat?« Reaktionen auf ein traumatisches Erlebnis können durch andere Probleme im Leben verschlimmert werden, durch eine nicht harmonische Beziehung, Schwierigkeiten am Arbeitsplatz, durch Streitigkeiten mit den Nachbarn oder weil jemand ohnehin frustriert, depressiv oder krank ist. Wenn viel Streß zusammenkommt, reicht oftmals ein weiteres Erlebnis, um das Faß zum Überlaufen zu bringen. Der eine Tropfen sozusagen. Das Leben ist ohnehin schon schwer, und nun werden Sie auch noch in einen Unfall verwickelt, Ihr Sohn wird überfallen und ausgeraubt, Ihr Arbeitgeber droht Ihnen mit Kündigung oder Ihr bester Freund stirbt. Normalerweise würden Sie ruhig und vernünftig reagieren, aber diesmal sind Sie so verletzlich, daß Sie plötzlich das Gefühl haben, Ihr Leben gerate aus den Fugen.

Persönliche Bewältigungsstrategien
- Fällt es Ihnen leicht oder schwer, Gefühle auszudrücken?
- Haben Sie Ihre Gefühle unterdrückt und unter Kontrolle gehalten? Warum?
- Haben Sie sie während oder nach dem Trauma zum Ausdruck gebracht? Wann und auf welche Weise?
- Waren Sie in der Lage, sich oder anderen zu helfen?

Die Art und Weise, wie Sie mit dem Erlebnis umgegangen sind, ist bezeichnend für die auftretenden Symptome. Mit dem Erlebnis umgehen kann man, indem man es leugnet, seine Gefühle beherrscht, ruhig und besonnen ist, hysterisch, wütend oder aggressiv reagiert. Jeder Mensch geht auf seine Weise mit einer Situation um. Versuchen Sie herauszufinden, wie und warum Sie mit der Situation so umgegangen sind, wie Sie es getan haben, welche Mechanismen Sie zur Bewältigung eingesetzt haben und welche Sie jetzt einsetzen. Auf diese Weise finden Sie heraus, warum Sie auf eine ganz bestimmte Art reagiert haben.

Training und Vorbereitung
- Waren Sie auf das Erlebnis vorbereitet?
- Haben Erfahrungen und erworbenes Wissen zur Bewältigung beigetragen? Wie?
- Hätten Sie, aus heutiger Sicht betrachtet, damals anders reagieren sollen?
- Halten Sie sich für stark und widerstandsfähig? Wenn ja, wie stark sind Sie wirklich?

Wenn der Vorfall sich erst in jüngster Vergangenheit ereignet hat und Sie nicht darauf vorbereitet waren, sind Ihre Symptome höchstwahrscheinlich schwerwiegend. Aber selbst wenn man darauf vorbereitet ist, macht dies noch lange nicht unverletzlich. Bereits ein langsamer Anstieg des Streßpegels kann die Bewältigungsfähigkeit eines jeden vermindern, und manche Erlebnisse werfen Menschen ganz aus der Bahn. Sogar erfahrenen Therapeuten kann dies Probleme bereiten.

Unterstützung
- Waren Sie allein?
- Welche Hilfe und Unterstützung haben Sie von anderen, die an dem traumatischen Ereignis beteiligt waren, während und danach erhalten?
- Wie haben Ihre Familie und Freunde Sie nach dem Erlebnis behandelt?
- Haben Ihnen Presse und Medien zugesetzt?
- Haben Sie Hilfe und Unterstützung am Arbeitsplatz erfahren?

Wenn ein Mensch wenig oder gar keine Hilfe und Unterstützung während des Vorfalls erfahren hat – vor allem, wenn er alleine war – und die Umwelt von ihm dann erwartet, daß er einfach dort weitermacht, wo er aufgehört hat, so reagiert er nicht selten mit großen Schuldgefühlen und der Überzeugung, daß etwas mit ihm nicht stimmt, sowie Wut auf die Unfähigkeit und die fehlende Bereitschaft der anderen, zu verstehen. Distanzloses Verhalten der Medien kann ebenfalls zur Verschlechterung seines Zustandes führen.

Schlußfolgerungen

Wenn das Erlebnis schrecklich und angstauslösend war, wenn Sie wenig oder gar nicht darauf vorbereitet waren, wenn Sie ohnehin verletzlich waren und wenig oder gar keine Hilfe und Unterstützung erfahren, ist Ihre Fähigkeit zur Bewältigung vermindert. Aber auch wenn Sie hart im Nehmen sind, vorbereitet waren und Hilfe und Unterstützung erfahren haben, können sich schwere Symptome einstellen.

Direkt oder indirekt Betroffene

Diese Reaktionen und Symptome können sich bei allen einstellen, die in den Vorfall verwickelt waren.

Verneinen und Leugnen

Verneinen und Leugnen sind natürliche Reaktionen auf einen Schock, die dem Betreffenden Zeit und Raum geben, um mit dem Erlebten fertig zu werden, und ihn vor Reaktionen und Gefühlen bewahren, die ihn aus der Bahn werfen könnten. Mitunter fällt es ihm sogar schwer, überhaupt zu glauben, daß etwas passiert ist. Ärzte und Therapeuten nutzen solche Methoden, um extrem beunruhigende Erlebnisse zu bewältigen, damit sie in der Lage sind, ihre Arbeit fortzuführen, die darin besteht, Leben zu retten. Fortwährendes Leugnen kann jedoch dazu führen, daß jemand schließlich nicht mehr fähig ist, die eigenen Gefühle zu gewärtigen. Versteckte Gefühle verschwinden nicht von allein.

Sprechen

Traumatisierte Menschen wollen entweder überhaupt nicht über ihr Erlebnis sprechen, weil bereits das Sprechen darüber schmerzlich ist, oder aber sie reden von nichts anderem, was dazu führt, daß ihre Mitmenschen abschalten oder sich ganz abwenden. »Geteiltes Leid ist halbes Leid!« heißt es, aber das gilt nicht für jedes Leid und nicht für jedermann.

Unfähigkeit, Liebe und Zuneigung zu zeigen

- Sind Sie in der Lage, den Menschen, die Sie lieben, Ihre Zuneigung zu zeigen?
- Würden Sie sich verwundbar fühlen, wenn Sie Ihre Gefühle zeigten, und würden die anderen Sie für schwach halten?
- Spüren Sie eine innere Stumpfheit und Leere?
- Fühlen Sie sich nicht liebenswert und ungeliebt?

Könnte es sein, daß Sie wenig oder gar keine Wärme und keinen Trost erfahren, weil Sie Ihre Nächsten nicht an sich heranlassen und Ihre Reaktionen sie noch weiter wegstoßen? Ein solches Verhalten kann auch Auswirkungen auf Ihr Sexualleben haben oder Ihren Partner glauben machen, daß Sie ihn nicht lieben. Es kann auch der Grund sein, daß Sie sich noch nutzloser und unfähiger fühlen. Wenn Sie sich allein und ausgeschlossen fühlen, obwohl Sie sich nach Nähe, Wärme und Sex sehnen, sind Sie und die anderen unfähig zu reagieren. Aufgrund Ihrer Reaktionen haben Sie das Gefühl, daß Sie von niemandem geliebt werden.

Reizbarkeit, Ängstlichkeit, Entscheidungsschwierigkeiten und Verlust von Fähigkeiten

Es ist nicht immer leicht, Entscheidungen zu treffen. Sie fühlen sich unter Druck gesetzt und werden zunehmend ängstlicher, reizbarer und verwirrter. Wenn jemand Sie anspricht, mißverstehen Sie den anderen, und bereits das normal turbulente Familienleben bringt Sie aus der Fassung. Vielleicht kommt es gar zu einem vorübergehenden Verlust von mechanischen und körperlichen Fähigkeiten: Autofahren, Schreibmaschineschreiben, Rechtschreiben und Bedienung von Computer oder Maschinen. Dies verstärkt das Gefühl der Unfähigkeit und Nutzlosigkeit.

Der Wunsch nach Veränderung

- Verspüren Sie den Wunsch nach Veränderung in Ihrem Leben? Welche Veränderungen?
- Würden die Veränderungen Ihr Leben verbessern? Für wen und wie?
- Haben sich Ihr Selbstbild und Ihre Einstellungen verändert? Wenn ja, wie?

Ein Trauma führt nicht selten zu Unzufriedenheit in fast allen Lebensbereichen. Deshalb wäre es unklug, kurz nach einem traumatischen Erlebnis drastische Entscheidungen zu treffen und schwerwiegende Veränderungen vorzunehmen.

Positive Auswirkungen

Nicht alle Reaktionen und Symptome sind negativ, es gibt auch positive Auswirkungen.
- Sie entdecken einen neuen Sinn im Leben und schätzen

das Leben im allgemeinen mehr als vorher. Es scheint plötzlich lebenswerter.
- Die Wertschätzung von Beziehungen, Partnern und Kindern, Familie, Freunden und Arbeitskollegen steigt.
- Sie sind erstaunt darüber, daß Sie mit dem Erlebten so gut fertig geworden sind, und Ihr Selbstbewußtsein steigt beträchtlich.

Diese Reaktionen sind möglicherweise der Euphorie zuzuschreiben, überlebt zu haben. Die Erfahrung zeigt, daß sie häufig erst nach einiger Zeit auftreten. Falls Ihre Gefühle ziemlich negativ sind, sollten Sie versuchen, sich in Geduld zu üben.

Auswirkungen auf Beziehungen

Das Leben scheint schwer, wenn Sie unter posttraumatischen Symptomen leiden, Ihre Mitmenschen leiden mit, und Ihre Beziehungen werden ebenfalls beeinträchtigt. Sie sind zornig und wütend, ängstlich, reizbar und unvernünftig; Ihre Mitmenschen scheinen nicht zu begreifen, was Sie durchgemacht haben und wie es Ihnen geht. Ist es da ein Wunder, daß Ihnen alles schwerfällt und die anderen nicht wissen, wie sie Ihnen helfen und mit Ihnen umgehen sollen? Beziehungen können durch folgendes beeinflußt werden:

Einstellungsänderungen
Jegliche Einstellungen und Überzeugungen können sich vertiefen und Ihr Selbstvertrauen stärken. Es ist gut, am Leben

zu sein! Auch wenn Sie nicht an Gott glauben, haben Sie vielleicht das Gefühl, aus einem tieferen Grund überlebt zu haben, was Sie dazu anregt, nach einem Sinn und Ihrer Berufung zu suchen. Es passiert immer wieder, daß großes Leid uns Gott näher bringt. Gleichermaßen könnten Sie aber auch sagen, es gibt keinen Gott, und wenn es doch einen gibt, ist er weit weg und grausam. Dann haben Sie das Gefühl, dem Schicksal machtlos ausgeliefert zu sein, was Sie entweder zynisch und pessimistisch oder zornig und wütend werden läßt. Das Leben scheint so ungerecht.

Schweigen, Rückzug und Apathie

Sie sind nicht in der Lage, über das Trauma und Ihre Gefühle zu sprechen. Obwohl Ihre Familie Sie verstehen möchte, verschanzen Sie sich hinter einer Mauer des Schweigens. Der Rückzug scheint Ihnen der einfachste Weg, Situationen, die Sie als bedrohlich empfinden, zu vermeiden, was es für die anderen jedoch sehr schwierig macht. Diese versuchen zu verstehen, könnten aber das Gefühl haben, Ihnen sei alles egal.

Besessenheit

Es kann ebenso passieren, daß Sie wie besessen nur noch von einem Thema sprechen, nämlich von dem traumatischen Erlebnis. Auch dies kann einen Keil zwischen Ihre Familie und Sie treiben.

Träume und Alpträume

Wenn Sie nachts schweißgebadet aufwachen, wenn Sie vor lauter Angst aufschreien oder sich im Schlaf unruhig von einer Seite zur anderen werfen, sind Ihr Partner und Ihre Kinder davon genauso betroffen wie Sie selbst.

Wut
Selbst wenn sich die Wut nur selten Bahn bricht, hat sie Auswirkungen auf Ihre ganze Familie. Man kann seine Wut nur bis zu einem bestimmten Grad unter Kontrolle halten – irgendwann explodiert sie, und man wirft Teller an die Wand, rast wie ein Wilder über die Autobahn oder verhält sich zu Hause, am Arbeitsplatz oder in der Öffentlichkeit unvernünftig und widerwärtig. Die anderen behandeln einen unter diesen Umständen wie eine Bombe mit kurzer Zündschnur.

Auswirkungen auf die Gesundheit
Jede Veränderung in Körper und Geist wirkt sich auf die Gesundheit aus. Emotionale und körperliche Reaktionen auf das traumatische Ereignis können sich in Kopfschmerzen, Bauchschmerzen, Verspannungen, Hautausschlägen, Übelkeit, Verdauungsstörungen und Magenverstimmungen niederschlagen. Wenn Sie während des Vorfalls Angst um Ihr Leben hatten, werden Sie vielleicht jetzt das Gefühl nicht los, in naher Zukunft sterben zu müssen, was in der Überzeugung gipfelt, ernsthaft krank zu sein. Man spricht in einem solchen Fall von psychosomatischen Reaktionen; man nimmt an, daß Sorgen, Ängste und schwierige Situationen zu körperlicher Krankheit führen können. Sie sind möglicherweise so besessen von der Idee, daß Sie trotz gegenteiliger ärztlicher Aussage felsenfest davon überzeugt sind, krank zu sein. Und mit eingebildeten Kranken lebt es sich schwer!

Partner

Wer mit einem traumatisierten Menschen lebt, weiß, daß eine solche Situation die ganze Familie belastet. Als erstes sollten Sie versuchen, die Symptome und ihre Auswirkungen auf jeden einzelnen zu verstehen.

Hatte Ihr Partner ein traumatisches Erlebnis? Dumme Frage, könnte man meinen. Trotzdem könnte es sein, daß Sie zwar wissen, daß Ihr Partner nicht mehr der alte ist, diese Veränderung in ihm oder ihr aber nie mit einem Ereignis in der Vergangenheit in Verbindung gebracht haben. Wenn Sie eine Verhaltensänderung – sei es eine schleichende oder plötzliche – beobachtet haben, sollten Sie sich fragen, ob Ihr Partner möglicherweise eine traumatische Erfahrung gemacht hat.

Eine Frau machte sich Sorgen um ihren Mann, weil er plötzlich sehr verändert schien. Er war reizbar, und selbst bei kleinen Dingen verlor er schnell die Geduld, zog sich immer mehr in sich zurück, zeigte nur wenig Interesse an ihr und den Kindern und trank mehr als sonst. Irgendwann fiel ihr ein, daß er ja vor einigen Monaten ein Zugunglück erlebt hatte. Sie hatte geglaubt, er sei darüber hinweg, denn er sprach nie darüber und schien es verarbeitet zu haben. Nun wurde ihr klar, daß er noch lange nicht darüber hinweg war, denn jetzt, viele Monate später, zeigten sich plötzlich Symptome. Er schämte sich jedoch, dies zuzugeben und Hilfe zu suchen.

Nicht immer muß ein verändertes Verhalten mit einem

Trauma in Verbindung stehen, trotzdem lohnt es sich, die Dinge genauer zu hinterfragen.

Körperlicher und seelischer Rückzug

Auch wenn man es noch so sehr versucht, ist es manchmal unmöglich, an den Partner heranzukommen, wenn ihm etwas Schreckliches widerfahren ist. Er hält einen sozusagen auf Distanz, und zwar körperlich und emotional.

Ein traumatisierter ehemaliger Berufssoldat zog sich in sein Schneckenhaus zurück, wo er sich sicher fühlte. Es war ihm unmöglich, am Familiengeschehen teilzunehmen und Zuneigung zu zeigen. Wenn Besuch kam, blieb er kurze Zeit da, doch dann zog er sich in sein Zimmer zurück, wo er entweder wütend hin und her lief oder weinte, bis der Besuch wieder weg war.

Diese Symptome sind um so schwerwiegender, je offener und lebhafter, je liebevoller und entscheidungsfreudiger der Partner vorher war.

Klammern und abhängig sein

Möglicherweise klammert Ihr Partner sehr und gibt Ihnen das Gefühl, daß er von Ihnen abhängig ist, wodurch er Ihnen eher wie ein Kind als wie ein Erwachsener vorkommt. Besonders schwierig ist die Situation dann, wenn der Partner vor dem Erlebnis voller Selbstvertrauen war und sich um alles gekümmert hat. Vielleicht nehmen Sie es ihm übel, daß nun Sie alle Entscheidungen treffen und neue, ungewohnte Verantwortung übernehmen müssen.

Sex

Ihrer beider Verhalten bedeutet, daß Nähe und Sex ziemlich unwahrscheinlich sind. Obwohl Sie vielleicht sogar ein gesteigertes Bedürfnis nach Trost und Nähe haben, werden die körperlichen und seelischen Reaktionen eher eine Kluft zwischen Ihnen entstehen lassen.

Und was ist mit Ihnen?

Hat irgend jemand eine Ahnung davon, wie schwierig die Situation für Sie ist? Möglicherweise treten bei Ihnen ähnliche Symptome auf wie bei Ihrem Partner. Auch Sie sind vielleicht wütend, enttäuscht, hilflos und gereizt, körperlich und seelisch ausgelaugt und haben das Gefühl, daß es niemanden wirklich kümmert. Es gibt jedoch Möglichkeiten, damit fertig zu werden (siehe Kapitel 7).

Kinder

Auch Kinder können unmittelbare Opfer sein oder mit Symptomen reagieren, weil sie mit einem traumatisierten Menschen zusammenleben; die Symptome hängen in der Regel von Alter und Entwicklungsstand des Kindes ab. Wenn Kinder ihre Gefühle nicht verbal zum Ausdruck bringen können, zeigen sie sie auf andere Weise, vor allem durch ihr Verhalten.

Spiel

Für Kinder ist es einfacher, ihre Gefühle durch das, was sie tun, zum Ausdruck zu bringen, als durch das, was sie sagen.

Manche werden kratzbürstig, aggressiv und unkooperativ, was am leichtesten an ihrem Spielverhalten zu beobachten ist. Sie erfinden neue Spiele, bei denen es vor allem um Gewalt geht, sie wollen Krieg spielen oder inszenieren Situationen mit Unfällen und Gewalt. Mitunter schlüpfen sie auch in die Rolle einer Autoritätsperson, wie zum Beispiel eines Polizisten, eines Arztes oder Soldaten.

Ein Junge im Alter von vier Jahren, der ein Trauma erlebt hatte, spielte mit seinen Legos. Er hielt einen kleinen Legomann in der Hand, dem er mehrere weiße Legosteine auf den Kopf gedrückt hatte. Der kleine Junge sagte, es handle sich dabei um einen Mann, der einen Unfall gehabt habe, und die weißen Steine seien der Verband.

Manche ziehen sich in ihre eigene Welt zurück, verlieren den Appetit, spielen allein in einer Ecke und meiden den Kontakt mit anderen Kindern, sogar den Kontakt mit den eigenen Geschwistern und den engsten Freunden. Andere machen ihre Spielzeuge kaputt und werden bockig und aggressiv, fordernd und feindselig.

Zeichnen und Malen
Manche Kinder drücken ihre Gefühle durch Zeichnungen und Bilder aus.

Ein neunjähriges Mädchen, dessen Vater im Golfkrieg kämpfte, malte ein Bild und schrieb darunter: »Daddy als Soldat.« Sie hängte das Bild an ihre Schrankwand neben das Foto ihres Vaters und versicherte ihrer Mutter, sie werde das Bild erst abnehmen, wenn der Vater wieder nach Hause komme.

Möglicherweise drückte sie damit ihre Angst aus, daß er vielleicht nie wieder nach Hause kommen würde. Manche Kinder zeichnen und malen gewalttätige und beunruhigende Bilder.

Angst
Kinder können vor allen Veränderungen Angst haben, vor drohenden und bestehenden: vor einem Umzug oder einem Schulwechsel, vor elterlichen Streitereien oder Trennung und Scheidung, vor Tod in der Familie oder Tod eines geliebten Haustieres. Ganz gleich, ob Kinder direkt in den Vorfall verwickelt waren oder nur davon gehört haben – alles, was damit in Zusammenhang steht, wie beispielsweise die Fahrt mit dem Auto oder das Fliegen mit dem Flugzeug, kann ihnen Angst einflößen. Ein kleiner Junge, dem man erzählt hatte, sein Großvater sei »entschlafen«, fürchtete sich vor dem Zubettgehen, weil er Angst hatte, im Bett zu »entschlafen«.

Tadel und Schuld
Kinder geben sich nicht selten die Schuld für Veränderungen, auch dann, wenn sie nichts dafür können, vor allem, wenn es sich um Probleme zwischen den Eltern handelt oder um sexuellen und körperlichen Mißbrauch. Sie haben oft das Gefühl, daß sie schuld sein müssen, weil sie »schlecht« sind, oder wenn beispielsweise der Vater sie

ignoriert, glauben sie, daß Papa zornig ist, weil sie »böse« sind.

Angst
Kinder reagieren äußerst empfindlich, wenn man sie kritisiert und ignoriert, sowie auf jede Veränderung in einer Beziehung. Sie werden entweder furchtbar anhänglich, fordern Zuneigung und Aufmerksamkeit, oder sie reagieren abweisend, sogar ihren Eltern gegenüber. Das kann so weit gehen, daß sie körperliche Nähe und Zuneigung verweigern und übertrieben ängstlich werden.

Eine Mutter wurde an ihrem Arbeitsplatz auf der Bank Zeuge eines Unfalls. Niemand kam zu Schaden, aber ihre Kinder bekamen auf einmal schreckliche Angst um sie. Sie wollten nicht, daß sie weiterhin zur Arbeit ging, und waren schrecklich beunruhigt, sobald sie das Haus verließ. Jedesmal, wenn sie zur Arbeit ging, fragten die Kinder, ob sie auch ja wieder nach Hause kommen würde.

Krankheit
Kinder können ebenso wie Erwachsene mit körperlichen und seelischen Symptomen auf ein Trauma reagieren und plötzlich unter Bauchschmerzen, Kopfschmerzen, Ausschlägen, Lustlosigkeit und allgemeinem Unwohlsein leiden.

Es ist ein weit verbreitetes Mißverständnis, daß Kinder zu klein sind, um etwas mitzubekommen und durch negative Erfahrungen beeinträchtigt zu sein. Sie sind beeinträchtigt und werden versuchen zu verstehen, wenn auch auf andere Art und Weise als Erwachsene. Auf jeden Fall brauchen sie Zuspruch, Verständnis und Liebe und vielleicht auch Hilfe.

Fachpersonen

Wenn Sie Arzt, Therapeut oder in anderer Weise ausgebildeter Helfer sind, haben Sie ganz bestimmte Strategien erlernt, um traumatische Erlebnisse zu bewältigen. Da Sie während eines Vorfalls sehr beschäftigt sind – es geht in allererster Linie darum, zu helfen –, sind Sie darauf bedacht, Reaktionen und Symptome zu kontrollieren, zu unterdrücken und Ihre Arbeit zu tun. Es ist deshalb einfacher, die Toten als Plastikpuppen zu betrachten und sich zu sagen: »Das ist nur die Hülle, der Mensch ist nicht mehr drin.« Trotzdem handelte es sich um einen richtigen, atmenden, lebendigen Menschen mit Verwandten, einer Familie, Lebenspartner oder -partnerin und Kindern, und es hätte jemanden treffen können, der Ihnen nahe steht. Identifikation mit Opfern ist keine Seltenheit.

Ein Polizist mußte einen bewaffneten Räuber erschießen. Das allein war belastend genug, aber als er den Räuber aus der Nähe sah, fing er am ganzen Körper zu zittern an, denn der Mann sah aus wie sein eigener Sohn und war genauso alt.

Ein Feuerwehrmann, der an einen Unfallort kam, an dem Kinder verbrannt waren, stand mehrmals in der Nacht auf, um nachzusehen, ob seine Kinder noch atmeten.

Von Ihnen als Arzt und Helfer erwartet man, daß Sie mit der Situation fertig werden. Nichts wäre unangebrachter, als zusammenzubrechen und zu weinen, vor allem, wenn es gilt, Leben zu retten. Sie wollen nicht als schwach und überfordert gelten, und Sie wollen niemanden enttäuschen, auch nicht sich selbst. Die Uniform, das Gefühl, etwas Sinnvolles zu tun, vielleicht auch das »Macho«-Gehabe einer Organisation und eines Individuums und das Gefühl der Kameradschaft, all das hilft Ihnen, mit einer schwierigen Situation fertig zu werden. Eine Methode, die oftmals von Ärzten und Helfern angewandt und von anderen nicht selten mißverstanden wird, ist die des »schwarzen Humors«.

Eine Gruppe von Feuerwehrleuten, die dem Absturz eines Kampfflugzeuges beigewohnt hatten, das in Flammen aufgegangen war, begrüßten sich hinterher stets auf seltsame Weise. Sie machten einen Buckel, verzerrten das Gesicht, ahmten mit den Fingern Krallen nach und riefen: »Grrrr!« Als sie darauf angesprochen wurden, sagten sie, daß der tote Pilot im Cockpit so ausgesehen habe.

Wie jegliche Art von schlechtem Humor kann auch dies eine wirksame, wenn auch makabre Strategie sein. Warum wird sie angewandt? Sicherlich nicht aus Rohheit und aus Mangel an Nächstenliebe, sondern weil es dem eigenen Tun die Spitze nimmt und man das Erlebnis auf diese Weise besser bewältigen kann. Sich ablenken, die eigenen Gefühle und Reaktionen unterdrücken, vermeiden, nachzudenken über das, was man gerade tut, sich lustig machen – all das sind nützliche Strategien der Bewältigung, wenngleich sie nicht immer zur Anwendung kommen, da es Situationen gibt, wo das Erlebnis einen schlichtweg aus der Bahn wirft. Wichtig zu wissen ist auch, daß Gefühle und Symptome nicht einfach verschwinden: Es könnte sein, daß Sie nur das Bedürfnis unterdrücken, sie zum Ausdruck zu bringen, und sie später zum Vorschein kommen.

Neben diesen Strategien, die meist während und kurz nach einem traumatischen Erlebnis eingesetzt werden, gibt es noch andere Bewältigungsmöglichkeiten. Der eine spricht mit einem Kollegen, der andere erwähnt den Vorfall nie. Manch einer spricht mit seinem Partner darüber, ein anderer erwähnt seine Arbeit zu Hause mit keinem Wort. Doch ist es überhaupt möglich, ein einschneidendes Erlebnis nicht mit nach Hause zu nehmen? Schließlich trägt man es überall mit sich herum.

Eine Sozialarbeiterin sagte, daß sie es nicht für richtig hielt, ihre Kollegen mit ihren Gefühlen zu belasten, schließlich hätten diese genügend eigene Probleme. Sie schwieg also und litt immer wieder unter Depressionen und Wutanfällen.

Eine andere Sozialarbeiterin sagte, ihre Bewältigungsstrategie sei, auf dem Nachhauseweg im Auto zu schreien und fluchen oder mit ihrer Katze zu reden.

Aufgestauter Streß

»Aufgestauter Streß« ist der Streß, der sich über einen bestimmten Zeitraum ansammelt. Er verstärkt körperliche und seelische Symptome und wird ähnlich wie ein Ballon, der immer weiter aufgeblasen wird, irgendwann platzen. Es kann allen passieren, Rettern und Helfern, Ärzten, Krankenschwestern, Sozialarbeitern, Geistlichen, Lehrern, Flugpersonal, Entwicklungshelfern und jedem, der in vorübergehenden oder dauerhaften Streßsituationen lebt. Die Unterdrückung der Symptome dient irgendwann nicht nur der Streßbewältigung, sondern ist schließlich die einzige Möglichkeit, um zu überleben. Damit Hand in Hand geht der emotionale Rückzug, was den Menschen kalt und unsympathisch macht. Eine Reihe von Symptomen werden sich verstärken: Isolation, Unwille, sich in der Familie und Gemeinde zu engagieren, Reizbarkeit, unberechenbare Wutausbrüche, Zynismus, Gefühllosigkeit und Apathie, Schuldzuweisungen, Weinerlichkeit, Krankheit, Gefühle der Hoffnungslosigkeit und Depression. Ebenso kann es zu einem verstärkten Adrenalinausstoß kommen, wodurch Menschen bildhaft gesprochen um sich schlagen.

Sie kommen vielleicht von der Arbeit nach Hause, verspüren Bitterkeit und Wut, öffnen die Tür und versetzen der ahnungslosen Katze einen Fußtritt, die nichts anderes will, als Sie begrüßen. Oder Sie lassen Ihre Wut an Partner und Kindern aus. Diese Kompensation eines Gefühls ist ein unangebrachter und schädlicher Ausgleich. Vielleicht ist Ihnen damit geholfen, aber ganz bestimmt nicht der Katze oder den anderen, die zufällig in der Schußlinie stehen. In dem Maße, wie der Streßpegel steigt, wird es immer schwerer sein, Entscheidungen zu fällen, und Sie werden als unsympathisch und gefühllos gegenüber anderen angesehen. Wenn dies weiterhin andauert, wird sogar Ihre Gesundheit darunter leiden, und es dürfte Ihnen zunehmend schwerer fallen,

Ihrer Arbeit nachzugehen und mit Ihrer Familie und mit sich selbst zurechtzukommen.

Die Bewältigung von posttraumatischen Belastungen ist schwierig für alle Beteiligten, und manchmal hat man das Gefühl, als könne man gar nichts tun. Man mag den Eindruck bekommen, daß es sinnlos ist, es auch nur zu versuchen, und daß niemand helfen kann. In den nächsten Kapiteln will ich deshalb aufzeigen, daß Sie sehr wohl etwas tun können, um sich selbst und auch denen zu helfen, die Sie lieben.

6. Mit sich selbst zurechtkommen

In den vorangegangenen Kapiteln lag unser Augenmerk auf dem *Wie*, es ging darum, *wie* Sie möglicherweise reagiert haben und welche Auswirkungen diese Gefühlsreaktionen auf Sie selbst und Ihre Umwelt hatten. In diesem Kapitel geht es darum, herauszufinden, *warum* Sie reagiert haben, damit Sie Ihr Verhalten verstehen und das Erlebte letztlich verarbeiten können.

Wenn Sie unter PTBS leiden, sind Sie nach Lektüre der vorangegangenen Kapitel höchstwahrscheinlich in der Lage, Ihre Reaktionen besser zu verstehen, wenngleich sich dadurch nicht unbedingt etwas an Ihrer Gefühlslage verändert hat oder sich Ihre Reaktionen vermindert haben. Wenn Sie nicht unter PTBS leiden, können Ihre Reaktionen von leicht und kurz bis akut und dauerhaft variieren, ohne daß es zu PTBS kommt. Vielleicht haben Sie eine Zeitlang nicht gearbeitet oder hatten Schwierigkeiten, sich zu Hause zurechtzufinden, und Ihre Reaktionen haben Ihrer Beziehung geschadet, aber Sie haben die Sache bewältigt. Die anderen sind mit Ihnen fertig geworden, haben Sie ertragen, immer in der Hoffnung, daß Ihre Reaktionen und Gefühlsäußerungen nur von vorübergehender Dauer sind. Sie werden nicht gänzlich verschwinden, doch mit der Zeit werden Sie das Gefühl haben, daß sie schwächer werden und schließlich zu Erinnerungen verblassen, mit denen Sie leben können. Sie finden sich damit ab, gelegentlich an den Vorfall erinnert zu werden, vor allem wenn er sich an einem Ort ereignet hat, den Sie immer wieder aufsuchen müssen, wie zum Beispiel den Arbeitsplatz. Wenn Sie auf dem Weg nach Hause überfallen wurden oder in einen Autounfall verwickelt waren, könnte es sein, daß Sie an der Stelle, wo es passiert ist, nur widerwillig oder ängstlich vorbeigehen oder gar versuchen, sie zu meiden. Selbst wenn Sie ohne Probleme dorthin oder vorbeigehen können, erinnert der Ort Sie vielleicht immer noch an das, was sich dort ereignet hat.

Genausogut könnte es sein, daß Ihr Leben völlig aus der Bahn geraten ist. Sie können sich nicht erklären, was mit Ihnen passiert ist und warum, und es fällt Ihnen schwer, mit sich und den anderen zurechtzukommen. Und den Menschen um Sie herum fällt es schwer, mit Ihnen zurechtzukommen.

Was, wenn ich verletzt worden bin?

Körperliche Verletzungen verstärken in der Regel Gefühlsreaktionen, vor allem solche des Zorns und der Hilflosigkeit. Wenn Sie mit einem Messer verwundet oder in anderer Weise körperlich angegriffen wurden, haben Sie höchstwahrscheinlich als erstes Angst verspürt, verletzt und getötet zu werden, dann das Entsetzen und den körperlichen Schmerz, was die Überzeugung, zu Tode zu kommen, nur noch verstärkte. Jede Verletzung und gefährliche Situation ist eine konstante und mitunter schmerzliche Erinnerung an das, was geschehen ist.

Darüber hinaus führen Verletzungen zu körperlicher und seelischer Erschöpfung, was wiederum zur Folge hat, daß man seine Gefühlsreaktionen nur schwer kontrollieren, akzeptieren und verarbeiten kann. Daraus ergibt sich, daß jemand, der körperlich verletzt wurde, in der Regel stärker reagiert und seine Genesung auf jeden Fall länger dauert.

Verarbeiten und bewältigen

Was kann Ihnen bei der Bewältigung helfen? Rufen Sie sich die Themenblöcke dieses Buches in Erinnerung:
- Das Trauma rief die Gefühlsreaktionen hervor.
- Die meisten Menschen reagieren absolut natürlich.
- Die Gefühlsreaktionen werden mit der Zeit schwächer, ohne jedoch ganz aufzuhören.
- Es gibt Mittel und Wege, um sich und anderen zu helfen.
- Sie können Hilfe in Anspruch nehmen, wenn die Gefühlsreaktionen weiter andauern.

Es ist hilfreich, wenn Sie versuchen, Folgendes besser zu verstehen:
- das traumatische Erlebnis
- sich selbst und Ihre Reaktionen
- warum Sie reagiert haben und was Sie denken und glauben

Das Trauma verstehen

Es war das traumatische Erlebnis, das die Reaktionen in Ihnen auslöste, und wenn es dieses traumatische Erlebnis nicht gegeben hätte, wären Sie jetzt nicht betroffen. Ganz gleich, wie Sie sich fühlen, müssen Sie sich dies immer wieder klarmachen und es im Geiste wie ein Mantra wiederholen:

»Ich hatte ein traumatisches Erlebnis, und dieses Erlebnis ist der Auslöser für meine Reaktionen. Ich bin nicht schwach und jämmerlich, auch wenn ich mir so vorkomme.«

Schreiben Sie sich diese beiden Sätze auf eine kleine Karteikarte, und tragen Sie sie immer bei sich.

Lesen Sie sie immer wieder, und sagen Sie sich die Sätze vor, leise oder laut, zu verschiedenen Tageszeiten: nach dem Aufstehen am Morgen, in der Kaffee- und in der Mittagspause, vor dem Schlafengehen. Die Schwierigkeit ist nämlich, daß Gefühle trügen und Sie tatsächlich glauben machen können, daß Sie »das sind, was Sie fühlen«:

- Ich habe Angst – also muß ich ein Angsthase und Jammerlappen sein.
- Ich fühle mich schuldig – also muß ich Schuld haben.
- Ich fühle mich ohnmächtig und hoffnungslos – also bin ich zu nichts nutz.
- Ich bin wütend – also verliere ich die Kontrolle über mein Leben und bin auf dem besten Wege, verrückt zu werden.

Am besten wäre es, laut zu schreien: »Ich bin nicht nur, was ich fühle.«

Fühlen Sie sich bemitleidenswert, schuldig, nutzlos und wütend? Auch wenn diese Gefühle quälend sind, so sind es doch »nur« Gefühle. Natürlich läßt sich das leicht sagen; Gefühle sind echt und können außerordentlich beunruhigend sein und einen aus der Bahn werfen. Aber sie müssen nicht stimmen. Sie können unter schrecklichen Schuldgefühlen leiden, auch wenn Sie nicht schuld an einer Sache sind! Das Schuldgefühl ist echt, und trotzdem ist es nicht wahr, auch wenn Sie das Gefühl haben, daß Sie schuld sind. Sie sind nicht schuldig. Es ist ganz natürlich, daß man sich in bedrohlichen Situationen hilflos fühlt, aber man ist noch lange nicht dumm, nur weil man sich dumm fühlt. Manche Menschen sind dumm, ohne es zu wissen und zu fühlen! Natürlich sind Gefühle wichtig, aber sie sind nur ein Teil dessen, was einen Menschen ausmacht. In einer angsteinflößenden Situation ist es ganz normal und natürlich, daß man sich fürchtet, selbst wenn man versucht, die Angst nicht aufsteigen zu lassen. Es wäre unnatürlich und nicht normal, hätte man keine Angst. Ihre Angst ist natürlich, gleichzeitig kann sie aber so übermächtig sein, daß es schwer sein könnte, dies zu glauben.

Eine Frau rief einen Autor an, der ein Buch zum Thema Verlust geschrieben hatte. Da er nicht zu Hause war, hinterließ sie eine Nachricht bei seiner Frau: »Sagen Sie ihm einfach, daß ich mich für Seite 95 bedanke.« Als die Ehefrau wissen wollte, was sie damit meinte, erklärte die Anruferin ihr, daß ihr Sohn vor zwei Jahren gestorben sei und sie Angst gehabt hätte, verrückt zu werden. Erst als sie Seite 95 gelesen hatte, wußte sie, daß dem nicht so war.

Das Buch war kein »Allheilmittel«, aber es half ihr einzusehen, daß sie nicht verrückt war. Sie hatte ihren Sohn verloren, und das, was sie durchmachte, war die normale Reaktion auf einen schrecklichen Verlust.

Es läßt sich leicht sagen, daß Reaktionen natürlich und normal sind und daß es sich »nur« um Gefühle handelt – manche Ereignisse und Erfahrungen sind überwältigend und niederschmetternd. Erlebnisse wie sexueller, körperlicher oder seelischer Mißbrauch, Vergewaltigung, Folter, das Mitansehen schrecklicher Dinge, lebensbedrohliche Situationen, Krieg, Gewalt und Katastrophen jeglicher Art haben verheerende und langanhaltende Auswirkungen. Trotzdem sollten Sie versuchen, folgenden Satz zu verinnerlichen:

Auch wenn ich glaube, daß etwas mit mir nicht stimmt, heißt das noch lange nicht, daß es wirklich so ist.

Besser wäre es, das Trauma für Ihre Reaktion verantwortlich zu machen und nicht sich selbst.

Aber gleichzeitig sagen Sie: »Ich bin ein Mensch und kein Roboter, und deshalb bin ich auch bis zu einem gewissen Grad für meine Reaktionen verantwortlich.« Richtig! Im Folgenden gehe ich genau darauf ein.

Die Reaktionen verstehen lernen

Mitunter ist man seelisch und körperlich verletzlicher, weil man Überzeugungen, Gedanken, Ideen und Probleme von früheren Erlebnissen mit sich herumträgt, beispielsweise von:
- Beziehungen
- Arbeit
- Gesundheit
- anderen persönlichen Bereichen

Wenn eine Beziehung bereits schwierig ist, Sie wütend und zornig sind oder sich verletzt und schwach fühlen, können eben diese Gefühle Ihre Reaktionen so beeinflussen, daß es zu einem weiteren Trauma kommt, bis Sie schließlich meinen, das Ganze nicht mehr ertragen zu können. Wenn Sie unzufrieden mit Ihrer Arbeit sind, Schwierigkeiten mit den Kollegen haben, ständig kritisiert werden, fürchten, entlassen zu werden, oder kurz vor der Rente stehen, können diese Umstände Sie empfindsamer gegenüber anderen Erlebnissen machen. Wenn Sie sich nicht gesund fühlen, eine Grippe hatten oder müde und deprimiert sind, ist Ihre Widerstandskraft automatisch schwächer, und das normale »Kampf-oder-Flucht«-Verhalten, von dem in Kapitel 3 die Rede war, wird schwieriger. Es ist nicht einfach, zu kämpfen oder davonzulaufen, wenn man körperlich und seelisch erschöpft ist. Trauer, Umzug, Trennung und Scheidung, Heirat, Geburt eines Kindes, finanzielle Probleme, Schikanen und Unterdrückung, Streit mit Nachbarn, Enttäuschungen, schlechte Nachrichten, all das erhöht nicht nur den Streßpegel, sondern beeinträchtigt gleichzeitig die Fähigkeit, andere Erlebnisse positiv zu meistern.

Die Ursachen für die Reaktionen verstehen

Es gibt diverse Theorien, die erklären, warum der Mensch reagiert, und sie zeigen Wege auf, mit dem Trauma umzugehen.

Überzeugungstheorie
Der amerikanische Psychologe R. Janoff-Bulman geht davon aus, daß jeder Mensch drei Grundüberzeugungen hegt, die er sich vom Tage seiner Geburt an aneignet, sie quasi aufsaugt wie ein Schwamm. Diese Überzeugungen sind entscheidend dafür, wie der Mensch Erlebnisse interpretiert und auf sie reagiert.

Unverletzlichkeit/Unverwundbarkeit
Das ist die Überzeugung, daß Ihnen selbst nichts Böses widerfährt, sondern nur den anderen.

Als Woody Allen einmal gefragt wurde, ob er Angst vor dem Sterben habe, soll er gesagt haben: »Nein, gar nicht, ich werde einfach nicht dabei sein!« Jeder weiß eigentlich, daß er einen Herzinfarkt oder einen Unfall haben kann, aber man sagt sich: »Mir passiert so etwas nicht.« Ein Mensch, der in einer solchen Scheinsicherheit lebt, wird, wenn das Unglück an seine Tür klopft, verzweifelt sein und fragen: »Warum ich?«

Warum hat dieser Mensch reagiert? Weil an seiner falschen Überzeugung, er lebe in einer absolut sicheren Welt, gerüttelt wurde. Er wird gezwungen, seiner eigenen Sterblichkeit ins Auge zu sehen.

Sinn und Zweck
Denken Sie über die folgenden beiden Fragen nach, und schreiben Sie Ihre Antworten auf:
- Was ist der Zweck Ihres Lebens?
- Wer oder was verleiht Ihrem Leben einen Sinn?

Das Ziel ist höchstwahrscheinlich, so gut und so lange zu leben wie möglich und ein nützlicher und guter Mensch zu sein. Sinn und Zweck entstehen aus Überzeugungen und religiösem Glauben, aber auch aus anderen für den einzelnen bedeutsamen Bereichen wie Herkunft, Familie und Freunde, Arbeit und Kollegen, Garten, Hund, Urlaub oder Wetter. Dabei handelt es sich nicht bloß um Menschen und Objekte, sondern um Teile unserer Persönlichkeit. Sie verleihen dem Leben Sinn und Zweck. Und wenn uns oder anderen etwas Schlimmes widerfährt, fragen wir: »Warum?« Wir suchen jedoch nicht nach einer rationalen Antwort, sondern nach einem tieferen Sinn und Zweck, und zwar selbst dann, wenn wir nicht an Gott glauben. »Warum ich?«, »Warum ist ihr das passiert?«, »Warum habe ich überlebt?« Eine naheliegende Antwort wie: »Es ist passiert, weil du dort warst«, reicht nicht aus. Ohne eine zufriedenstellende Antwort fühlen wir uns jedoch nicht selten mißachtet, enttäuscht und haben das Gefühl, daß das Leben sinn- und zwecklos ist. Dann könnte man zynisch und pessimistisch sagen: »So ist das Leben!«

Warum haben Sie reagiert? Weil ein traumatisches Erlebnis Sie herausgefordert hat, Fragen zum Sinn und Zweck des Lebens zu stellen.

Selbstwertgefühl

Sind Sie ein guter Mensch? Natürlich sind Sie das! Na ja, zumindest so gut wie alle anderen! Wenn Sie in einer Krise steckten, würden Sie doch sicherlich Ihr Bestes geben, um sie zu meistern, oder nicht? In dieser Situation sind Ihr Selbstwertgefühl, Ihr Selbstbild und Ihr Selbstvertrauen entscheidend. Außergewöhnliche Erlebnisse zwingen den Menschen, Fragen zu stellen. »Habe ich mein Bestes gegeben?« »Hätte ich mehr tun können und sollen?« »Ich habe den einen gerettet, aber ich hätte beide retten sollen.« »Ich bin armselig. Ich hätte nicht zusammenbrechen und weinen dürfen.« Ihr Selbstwertgefühl und Ihr Selbstvertrauen können in sich zusammenstürzen, und vor allem wenn Sie Fehler gemacht haben, könnten Sie glauben, daß sie schwach, unzulänglich und unvollkommen sind. Sie fühlen sich schuldig und als Versager.

Die Überzeugungstheorie fordert Sie dazu auf, folgendes zu hinterfragen:
- Wie sehr waren Ihre Reaktionen von der Überzeugung beeinflußt, daß Ihnen so etwas nicht widerfahren kann? Aber auch Sie sind verletzlich.
- Wer oder was verleiht Ihrem Leben Sinn und Zweck? Aber niemand garantiert Ihnen, daß dem immer so sein wird.
- Sind Sie ein kompetenter und zuversichtlicher Mensch, der immer das Richtige tut?

Aber Sie können nicht immer genau das tun, was Sie tun wollen, und auch Ihnen können Fehler unterlaufen.

Vielleicht denken Sie, das Leben sollte anders sein, aber es ist halt so, wie es ist. Sie sind nicht Superman oder Superfrau, sondern ein sterbliches, verletzliches menschliches Wesen, daß in einer unberechenbaren Welt lebt, in der schwierige und schmerzliche Dinge passieren können und tatsächlich auch passieren. Diese Tatsache zwingt Sie, sich selbst, Ihre Überzeugungen und Ihr Leben immer wieder neu zu überdenken.

Trauertheorie

Am Anfang habe ich bereits über Schock, Zorn und Depression als Reaktionen auf Verlust gesprochen. Die Trauertheorie besagt, daß sich der Mensch das ganze Leben lang auf gute und schlechte Veränderungen einstellen und damit verbundene Verluste bewältigen muß. Manchmal fällt es uns leicht, uns auf neue Situationen einzustellen, manchmal aber auch extrem schwer. Wenn ein geliebter Mensch stirbt, sagt man nicht: »Schwamm drüber. Der nächste bitte!« Die Reaktionen auf seinen Tod treten plötzlich auf und halten lange an; sie sind, ganz gleich wie schmerzhaft, natürlich und notwendig und auf gar keinen Fall etwas, das man sich ausgesucht hat.

Manche Menschen versuchen zu verdrängen, aber das funktioniert nicht – Heilung und Erneuerung erreichen wir nur, wenn wir uns mit Dingen auseinandersetzen. Wir müssen das, was passiert ist, annehmen und die Reaktionen zulassen, damit das Erlebnis allmählich verarbeitet und in unser Leben integriert wird. Nur so wird es zu einem Teil des eigenen Lebens. Möglicherweise wünschen Sie sich, es wäre nie geschehen. Tatsache ist jedoch, daß es passiert ist und nicht einfach verschwinden kann.

Trauer läßt sich nicht heilen, indem man den Menschen, den man geliebt hat, einfach vergißt, und auch der Schmerz läßt sich nicht beseitigen, indem man die Uhr zurückdreht und so tut, als wäre nichts geschehen. Die Zeit läßt sich nicht auslöschen, genausowenig wie Ihre Erlebnisse sich verleugnen lassen. Sie müssen mit ihnen leben, auch wenn es noch so schmerzhaft ist. Die Herausforderung besteht darin, daß Sie den Schmerz zulassen und ihn verarbeiten, anstatt ihn zu unterdrücken und zu vergessen.

Die Trauertheorie besagt, daß man ein Trauma am besten verarbeiten kann, wenn man akzeptiert, daß
- die Reaktionen, die sich einstellen, natürlich und zum größten Teil notwendig sind.
- Reaktionen schmerzhaft sind, weil sie Folge einer großen Veränderung und eines Verlustes sind.
- Reaktionen nicht ignoriert, sondern angenommen und verarbeitet werden sollten.
- das Leben sich verändert hat und man sich darauf einstellen muß, und daß dies schwer ist.
- man lernen kann, mit dem Erlebnis zu leben, auch wenn der Schmerz zurückkehrt.
- es Zeit und Geduld erfordert.

Krisentheorie

Eine »Krise« wird in der Regel als etwas Dramatisches und Schlimmes angesehen, obwohl das griechische Wort *krisis* ursprünglich »Entscheidung« und »entscheidende Wendung« bedeutete. Eine Krise ist deshalb eine Zeit der Entscheidung und der Herausforderung: Es geht darum, Dinge abzuwägen, nach Prioritäten zu ordnen, zu entscheiden, was zu glauben und was zu tun ist. Die Krise markiert einen Wendepunkt im Leben, sie ist eine Weggabelung. Man kann entweder dort verharren, wo man ist, oder man kann entscheiden, in welche Richtung man gehen will, um sich dann auf den Weg zu machen.

Die Krisentheorie geht davon aus, daß in schwierigen Situationen ganz bestimmte Dinge eintreten:
- Man versucht, die schmerzlichen Gefühle zu unterdrücken und sie so unter Kontrolle zu halten, aber sie verschwinden deshalb nicht.
- Das natürliche Gleichgewicht zwischen Körper und Geist ist gestört.
- Es besteht das Bedürfnis, das Gleichgewicht wieder herzustellen und das Erlebnis in das eigene Leben zu integrieren.

Die Theorie besagt, daß es ein natürliches Gleichgewicht zwischen Körper und Geist im Menschen geben sollte. Der Körper steht stellvertretend für die Gefühle, was sich auch immer wieder in der Sprache ausdrückt: »Mir kam die Galle hoch«, »Ich hatte Schmetterlinge im Bauch«, »Das ist mir in die Knochen gefahren.« Der Geist steht für das rationale Denken: »Gebrauche deinen Kopf«, »Denk doch einfach nach.« Obwohl diese Trennung keine natürliche ist, ist es mitunter nützlich, darüber nachzudenken, warum und wie wir reagieren.

Stellen Sie sich vor, Sie wären eine altmodische Waage mit Gewichten; auf der einen Seite das »fühlende Ich« und auf der anderen Seite das »denkende Ich«. Im Laufe des Lebens wird, je nachdem, was Ihnen widerfährt, abwechselnd die eine oder die andere Seite oben oder beide ausbalanciert sein. Wenn etwas Traumatisches passiert, ist das Gleichgewicht gestört, und die Waage neigt sich in der Regel stark zur Gefühlsseite hin. Sie sind möglicherweise verwirrt und bemühen sich, rational und logisch zu denken, trotzdem behalten die Gefühle nicht selten die Oberhand. Das Ereignis verblaßt, und es kommt nur noch darauf an, wie man sich fühlt – und im allgemeinen fühlt man sich einfach mies. Der Mensch glaubt, das zu sein, was er fühlt. Deshalb besteht das Bedürfnis, das Gleichgewicht wiederherzustellen, damit sich das »fühlende Ich« und das »denkende Ich« möglichst auf einer Ebene befinden.

Übungen

Der Zweck dieser Übungen besteht darin, Ihnen dabei zu helfen, das Gleichgewicht zwischen Ihrem kognitiven, rationalen Ich und dem fühlenden Ich herzustellen. Die Übungen sollten nicht zu belastend sein. Machen Sie sie nicht, wenn:
- Sie unter starken Reaktionen oder PTBS leiden.
- Sie das Gefühl haben, so sehr aus dem Gleichgewicht geraten zu sein, daß Sie nicht damit fertig werden können.

Wenn Sie im Zweifel sind, sorgen Sie dafür, daß ein Ihnen vertrauter Mensch in der Nähe ist. Hören Sie auf, sobald die Erfahrung zu quälend wird.

Erste Übung

Halten Sie Papier und Bleistift bereit, damit Sie sich Notizen machen können. Nehmen Sie sich Zeit für jeden Schritt, und gehen Sie langsam voran.

Was ist während des Traumas passiert?
Versuchen Sie das Ganze mit dem Verstand zu ergründen. Gehen Sie die Fakten noch einmal durch, lassen Sie nicht zu, daß Ihre Gefühle obsiegen. Sagen Sie sich vor, was geschehen ist.

Gehen Sie in Gedanken, die Sie laut formulieren, das Erlebnis noch einmal durch, fangen Sie vor dem Erlebnis an und hören Sie erst danach auf. Dinge aufzuschreiben kann helfen, alles klarer zu sehen.

Welche Gefühle sind durch das Erlebnis ausgelöst worden?

Teilen Sie ein Blatt Papier durch einen senkrechten Strich in zwei Hälften. Schreiben Sie auf die linke Seite *Gefühle/ Reaktionen* und auf die rechte Seite *Gründe* (siehe Beispiel unten).

Schreiben Sie unter *Gefühle/Reaktionen* die Gefühle und körperlichen Reaktionen, die durch das Erlebnis ausgelöst wurden, z. B. Schock, Angst, Hilflosigkeit, Zorn, Zittern, Herzklopfen usw., wobei Sie jeweils einen großen Abstand zwischen den Zeilen lassen.

Als nächstes schreiben Sie auf der Seite, die mit *Gründe* überschrieben ist, die Gründe auf, die die Gefühle ausgelöst haben. Sie können auch mit »Ich habe so reagiert, weil ...« beginnen.

Zum Beispiel:

Gefühle/Reaktionen	Gründe
Angst	Ich war nicht darauf vorbereitet, daß der Mann mich mit einer Pistole bedrohen würde.
Zittern	Weil ich Angst hatte – siehe oben.
Herzklopfen	Weil ich Angst hatte; Adrenalinstoß, Atemnot, Kräfteschwinden usw. Das machte die Angst nur noch schlimmer.
Hilflosigkeit	Die Pistole hat mich in Angst und Schrekken versetzt, und ich glaubte, sterben zu müssen, also hab ich nichts getan.
Zorn	Weil es so unfair war. Er hatte kein Recht, mir so etwas anzutun.

Schauen Sie sich Ihre Liste an, und vergewissern Sie sich, daß Sie verstehen, wie und warum Sie reagiert haben. Machen Sie sich klar, daß es Gründe für Ihre Reaktionen gab. Und weil Ihnen widerfahren ist, was Ihnen widerfahren ist, waren Ihre Reaktionen natürlich und normal. Führen Sie sich noch einmal eines vor Augen: Sie sind nicht schwach und jämmerlich, weil Sie damals so reagiert haben und weil Sie jetzt sind, wie Sie sind.

Unterstützung
Überlegen Sie sich, welche Unterstützung Sie bekommen und mit wem Sie bereits gesprochen haben. Könnten Sie noch einmal mit diesem Menschen sprechen? Würden Sie mit ihm sprechen wollen?

Das Hier und Jetzt
Versuchen Sie in der Gegenwart zu leben. Seien Sie aufmerksam gegenüber den Dingen, die um Sie herum geschehen. Atmen Sie, wenn nötig, mehrmals tief ein, stehen Sie auf, gehen Sie herum oder machen Sie sich eine Tasse Kaffee oder Tee und entspannen Sie sich.

Wenn Sie das Gefühl haben, es könnte Ihnen helfen, sprechen Sie mit einem anderen Menschen über diese Übung.

Zweite Übung
Lesen Sie die Übung zuerst ganz durch. Es gelten die gleichen Regeln wie für die erste Übung. *Wenn Sie das Gefühl haben, das Ganze ist zu schmerzlich, machen Sie die Übung nicht.*

Schreiben Sie einen Bericht über das Erlebnis, und zwar von Anfang bis Ende, wobei Sie sowohl die Fakten als auch Ihre Gefühle beschreiben. Lesen Sie Ihren Bericht einmal oder mehrmals täglich immer zur gleichen Zeit. Es wäre hilfreich, wenn Sie dabei nicht alleine wären, so daß Sie vorlesen und der andere zuhören oder der andere vorlesen und Sie zuhören könnten. Notieren Sie sich Ihre Reaktionen. Mit der Zeit sollten Sie in der Lage sein, den Bericht zu lesen oder zu hören, ohne daß dabei die Alarmglocken läuten.
- An welche Gefühle erinnern Sie sich? Schreiben Sie alle auf, an die Sie sich erinnern.
- An welche Fakten erinnern Sie sich? Rufen Sie sich diese in Erinnerung, denn sie haben Ihre Reaktionen ausgelöst.

Dritte Übung
Nehmen Sie das, was Ihnen zu Ihrem Erlebnis einfällt, auf Kassette auf, und zwar wiederum von Anfang bis Ende, mit allen Fakten und allen Gefühlen. Hören Sie sich die Kassette regelmäßig an. Versuchen Sie, dies einmal oder mehrmals täglich immer zur gleichen Zeit zu tun. Manchen Menschen hilft es, wenn sie beim Hören nicht alleine sind. Mit der Zeit sollten Sie in der Lage sein, die Kassette anzuhören, ohne daß es allzu quälend für Sie ist.
- An welche Gefühle erinnern Sie sich? Schreiben Sie alle auf, an die Sie sich erinnern.
- Rufen Sie sich auch die Fakten in Erinnerung, denn diese haben Ihre Reaktionen ausgelöst.

Gedanken und Glaubenssätze verstehen

Der große griechische Philosoph Epiktet, der um 50 nach Christus lebte, hat als erster erkannt, daß unsere Reaktion auf ein Ereignis oder Erlebnis nicht nur davon bestimmt wird, was tatsächlich geschah, sondern auch davon, wie der Betreffende das Ereignis einstuft und bewertet. Nehmen wir als Beispiel ein Literglas mit einem halben Liter Wasser drin. Der eine würde sagen, das Glas sei halb voll, der andere, es sei halb leer. Der Inhalt ist der gleiche, aber wie er wahrgenommen wird, hängt davon ab, ob jemand Optimist ist oder Pessimist.

Wenn Sie glauben, die Welt sei schlecht und Sie selbst wertlos, werden Sie mit einer traumatischen Situation höchstwahrscheinlich nur sehr schwer fertig werden, was wiederum Ihre Überzeugung festigt, daß Sie wertlos sind. Was Sie denken und glauben, beeinflußt Ihre Wahrnehmung und Ihr Verhalten. Diese Einstellungen und Überzeugungen beziehen sich in der Regel auf uns, auf die Welt, in der wir leben, und auf die Zukunft. Dies könnte zum Beispiel folgendermaßen dargestellt werden:

Mit sich selbst zurechtkommen

Ihre Einstellung/Überzeugung	Ergebnis
Ich bin schwach und bemitleidenswert.	Sie fühlen sich unzulänglich und scheitern.
Ich bin stark und zuversichtlich.	Sie geben Ihr Bestes.
Ich kann nicht. Ich bin ein Versager.	Sie geben auf. Sie sind ein Versager.
Ich schaff' es.	Sie sind erfolgreich. Sie haben mehr Selbstvertrauen.
Ich hätte mehr tun sollen.	Schuldgefühl, Zorn, Frust, Zerknirschung.
Ich habe alles getan, was in meiner Macht stand.	Das Gefühl, das Beste getan zu haben, auch wenn Sie gern mehr getan hätten.
Die Welt ist schlecht.	Angst, Desillusionierung, Gleichgültigkeit, Aggression, Depression, Rückzug und Isolation.
Die Welt ist gut.	Sie sind glücklich und fühlen sich sicher.
Es ist alles egal.	Gefühl der Hoffnungslosigkeit – Scheitern.
Ich habe allen Grund zu leben.	Sie sehen Sinn und Zweck im Leben – Erfolg.

Machen Sie mit Hilfe dieser Tabelle eine Liste mit Ihren eigenen Gedanken/Überzeugungen und Ergebnissen.

Der Einfluß der Gedanken und Überzeugungen auf unsere Gefühle und Handlungen ist enorm.

Sie selbst

Lesen Sie die nachfolgenden Fragen, und halten Sie Ihre Antworten schriftlich fest.
- Wie haben Sie sich selbst und die Welt vor dem Trauma gesehen?
- Was halten Sie davon, wie Sie sich damals verhalten haben?
- Was halten Sie heute von Ihren damaligen Reaktionen?
- Haben sich Ihre Einstellungen und Überzeugungen in irgendeiner Weise verändert, und wenn ja, wie?
- Würden Sie sich selbst als Optimist oder als Pessimist einstufen? Warum?

Selbst wenn Sie in einer traumatischen Situation Ihr Bestes gegeben haben, können Sie hinterher das Gefühl haben, daß Sie nicht genug getan haben. »Ich hätte mehr tun sollen!« Wenn Sie sich einreden, Sie hätten versagt, kommen Sie wahrscheinlich zu dem Ergebnis, daß Sie nutzlos und wertlos sind.

Schuld und Scheitern

Sie schauen zurück auf Ihr Leben und sagen: »Wenn ich damals nur anders gehandelt hätte, so hätte mein und das Leben der anderen sehr viel leichter sein können.« Solche Sätze kennen wir alle, aber schon als Kind lernen wir den Reim: »Wenn das Wörtchen wenn nicht wär', wär' mein Vater Millionär!« Gedanken wie diese führen nicht selten zu geringem Selbstwertgefühl, Schuldgefühlen und Depression. Fragen Sie sich statt dessen, warum Sie getan haben, was Sie getan haben. Sie werden Gründe finden. Vielleicht fühlen Sie sich schuldig und als Versager, weil Sie etwas nicht getan haben, aber hätten Sie unter den Umständen überhaupt anders handeln können? Möglicherweise hätten Sie anders handeln können, aber denken Sie einen Augenblick über »sollen« und »können« nach. »Sollen« setzt voraus, daß Sie die Wahl haben, »können« bedingt, daß Sie die Möglichkeit haben. Im Grunde wissen Sie das, und trotzdem sagen Sie vielleicht: »Ich hätte etwas tun sollen«, wenn Sie ganz genau wissen, daß Sie gar keine Möglichkeit hatten, es zu tun. Oder Sie hätten es tun können, aber dann wären Sie unter Umständen nicht mehr am Leben!

Übung
Umdeuten
Die Technik des Umdeutens, das sogenannte Reframing, läßt Sie eine Erfahrung aus einem anderen Blickwinkel betrachten. Zweck dieser Übung ist, die Interpretation dieser Erfahrung zu verändern, und nicht den Inhalt.

Stellen Sie sich die folgende Szene vor, stellen Sie sich vor, Sie machten einen Spaziergang.

Lesen Sie die Geschichte und anschließend die Fragen. Suchen Sie Antworten auf die Fragen.

Sie gehen am Ufer eines breiten Flusses spazieren. Sie sehen, daß der Fluß viel Wasser führt und die Strömung stark ist. Am anderen Ufer spielen zwei Buben. Der eine fällt ins Wasser und schreit um Hilfe. Sie können nicht schwimmen. Weit und breit ist keine Brücke und kein Rettungsring. Der Bub wird mitgerissen und ertrinkt. Sie schämen sich und fühlen sich entsetzlich schuldig. »Wenn ich nur hätte schwimmen können, hätte ich ihm das Leben retten können. Ich bin schuld, daß er ertrunken ist.«

Fragen:
- Wie haben Sie sich während und nach dem Vorfall gefühlt?
- Warum konnten Sie nicht schwimmen?
- Was haben Sie getan? Was hätten Sie tun können? Was konnten Sie nicht tun?
- Hätten Sie in Anbetracht dessen, daß Sie nicht schwimmen konnten, mehr tun können?
- Was wäre passiert, wenn Sie ins Wasser gesprungen wären und versucht hätten, den Jungen zu retten?
- Auch wenn Sie nicht alles getan haben, was Sie tun wollten, haben Sie alles getan, was Sie tun konnten?
- Welche Auswirkungen hätte es auf die Ihnen nahestehenden Menschen gehabt, wenn Sie ertrunken wären?
- Wer war verantwortlich dafür, was passiert ist?

Ihre Antworten können Geschehenes nicht mehr rückgängig machen, aber Sie können die Art verändern, wie Sie es interpretieren und wie Sie Ihre Reaktionen sehen.

Gehen Sie auf die gleiche Weise bei Ihrem eigenen Erlebnis vor, stellen Sie ähnliche Fragen.
- Warum ist es passiert?
- Was habe ich getan und warum?
- Was habe ich nicht getan und warum?
- Was wäre passiert, wenn ich mich damals anders verhalten hätte?

- Was hätte ich anders tun können, nicht sollen, und welchen Einfluß hätte mein Handeln möglicherweise gehabt?
- Wer war für den Vorfall verantwortlich?

Umgang mit Flashbacks und Nachhallerinnerungen

Möglicherweise leiden Sie unter Flashbacks: körperlichen Empfindungen, Gedanken, Bildern und Gefühlen von dem Vorfall. Sie werden durch irgend etwas ausgelöst oder kommen aus heiterem Himmel; sie sind entweder leicht beunruhigend oder furchtbar beängstigend. Woher kommen sie und warum?

Jeder Mensch lebt mit einem riesigen Speichervorrat an Bildern, Gedanken und Gefühlen aus der Vergangenheit, und unangenehme können ebenso wie angenehme Erinnerungen jederzeit hervorgeholt werden. Man braucht sich nur ein Familienalbum anzusehen, und schon kommen die Gefühle an die Oberfläche. Man fühlt sich glücklich oder traurig, lacht oder weint, je nachdem, was man sich gerade ansieht. Der Duft von Narzissen oder der Klang einer Stimme kann angenehme Erinnerungen und Gefühle wecken. Ebenso kann der Klang einer Polizeisirene oder der Anblick eines Menschen Angst und Panik auslösen. Aber denken Sie immer daran, es handelt sich »nur« um Gefühle! Man kann versuchen, sie zu umgehen bzw. zu vermeiden, und mitunter ist dies eine nützliche Strategie; sie ist aber sehr schwer durchzuführen, wenn Ihre Frau, Ihr Zuhause oder Ihr Arbeitsplatz Auslöser dieser Gefühle ist. Erfahrungen und Reaktionen darauf sind in Ihnen gespeichert und lassen sich nur schwer vermeiden, denn in der Regel kommen sie, ob Sie wollen oder nicht. Sinnvoller wäre es, sich mit dem, wovor Sie sich fürchten, auseinanderzusetzen. Sofern es sich um starke Symptome handelt, sollten Sie sich in professionelle Hände begeben. Wenn Sie es ohne professionelle Hilfe versuchen, probieren Sie es mit folgender Technik:

Übung
Wenn Sie Symptome spüren, entspannen Sie sich, so gut Sie können, und atmen Sie langsam und gleichmäßig. Vermeiden Sie es, zu hyperventilieren. Wenn Sie es irgendwie aushalten, lassen Sie die Bilder und Gefühle zu. Achten Sie auf Ihre Atmung, und sagen Sie sich ruhig, aber bestimmt immer wieder folgenden Satz:

»Du kannst mich nicht umbringen. Du bist wirklich, aber ganz gleich wie beunruhigend, bist du doch nur ein Gefühl und ein Gedanke in meinem Kopf. Ich kann damit fertig werden.«

Atmen Sie weiter langsam und gleichmäßig, und bleiben Sie entspannt.
Alternativ können Sie versuchen, sich abzulenken, indem Sie etwas anders tun, manchmal hilft dies. Wichtig zu wissen ist, daß Flashbacks und Nachhallerinnerungen Sie nicht umbringen können, wenn Sie nicht in Panik geraten, auf die Straße laufen und unter ein Auto geraten.

Zusammenfassung

Alle Theorien schlagen ähnliche Wege der Traumaverarbeitung vor: Sie müssen

- akzeptieren, daß das Erlebnis die Symptome hervorgerufen hat
- überzeugt sein, daß Ihre Reaktionen natürlich und normal sind
- wissen, daß das Verdrängen von Gefühlen negative Folgen haben kann
- ein Gleichgewicht herstellen zwischen dem, was passiert ist, den Tatsachen, und Ihren Gefühlen
- wissen, daß Gefühle wichtig sind, aber auch irreführen können
- vielleicht Ihre Einstellungen und Überzeugungen neu überdenken
- davon ausgehen, daß die Verarbeitung des Erlebnisses höchstwahrscheinlich viel Kraft erfordern wird
- einsehen, daß Sie sich selbst helfen können, daß es aber auch andere Menschen gibt, die Sie verstehen und Ihnen helfen können
- versuchen, das Erlebnis als Herausforderung und nicht als Katastrophe zu sehen
- davon ausgehen, daß die Bewältigung Zeit in Anspruch nehmen wird

Ich weiß, all dies läßt sich leicht sagen. Das Gesagte zu verinnerlichen, vor allem dann, wenn es einem schlecht geht, steht auf einem anderen Blatt. Aber nirgendwo steht geschrieben, daß das Leben einfach ist. Es ist ein ständiges Streben und Bemühen. Das wissen Sie am besten.

Glauben Sie an sich.
Vertrauen Sie auf sich.

Sie haben viel durchgemacht und haben es immer noch schwer. Versuchen Sie zu begreifen, daß Ihre Mitmenschen es ebenfalls nicht leicht haben. Suchen Sie das Gespräch mit ihnen. Helfen Sie ihnen, Sie zu verstehen, und versuchen Sie Ihrerseits, sie zu unterstützen und zu lieben. Versuchen Sie, sie zu verstehen und ihre Liebe anzunehmen. Suchen Sie, wenn nötig, Rat und Hilfe.

Mehr zum Thema Verarbeitung/Bewältigung erfahren Sie im nächsten Kapitel.

7. Mit dem Partner oder der Partnerin zurechtkommen

Wie gehen Sie mit einem Partner um, der unter einem traumatischen Erlebnis leidet? Ich spreche hier von einem Menschen, der in enger Beziehung zu Ihnen steht, wie beispielsweise ein Ehemann oder eine Ehefrau, ein Lebenspartner, aber auch ein Elternteil, eine Schwester oder ein Bruder, ein Sohn, eine Tochter oder ein anderer Mensch, mit dem Sie ein Haus oder eine Wohnung teilen.

Sie bewältigen die Situation vielleicht sehr gut und haben nicht das Gefühl, als brauchten Sie Hilfe, und das Buch hat Sie in dieser Meinung noch bestärkt. Sie verstehen, was passiert ist, Sie wissen, welche Auswirkungen das Geschehen auf Sie hatte, und Sie wissen auch warum. Und doch wissen Sie, daß das Geschehene Ihren Partner auch weiterhin verfolgen kann – in Form von Erinnerungen, Träumen, ja sogar Alpträumen – und daß es immer noch Reaktionen wie Zorn und Reizbarkeit auszulösen vermag. Sie werden die Situation weiterhin bewältigen, aber es ist möglich, daß Sie hin und wieder Unterstützung und Rat brauchen. Das Motto lautet deshalb: »Seien Sie vorbereitet!«

Haben Sie das Gefühl, nicht zu wissen, was Sie tun oder sagen sollen und wie Sie damit fertig werden sollen? Haben Sie das Gefühl, daß Sie den anderen egal sind? Die Aufmerksamkeit wird wahrscheinlich Ihrem Partner gelten, vor allem dann, wenn das, was er erlebt hat, in den Schlagzeilen war. Ähnlich verhält es sich in einer Familie, wo sich alle Aufmerksamkeit auf das Opfer konzentriert. Kaum einer denkt an den »Welleneffekt« eines Traumas: daß es sich von innen nach außen in konzentrischen Kreisen ausbreitet und schließlich die anderen erreicht. Sie werden vielleicht ignoriert, oder man erwartet einfach, daß Sie im Vergleich leicht fertig werden sollten – »Wenn man bedenkt, wie der arme George darunter leidet.« Sie fühlen sich wie im Niemandsland und fragen sich, ob irgend jemand versteht, wie Ihnen zumute ist. Wenn Sie von Ihren eigenen Bedürfnissen sprechen, hält man Sie möglicherweise für selbstsüchtig. »Wie kann sie in Anbetracht dessen, was mit George passiert ist, bloß an sich denken?« Sie fragen sich, ob irgend jemand begreift, was es heißt, mit einem Menschen zu leben, der zornig und aggressiv, reizbar und anspruchsvoll, kalt und herzlos ist, unaufhörlich von dem Erlebten erzählt oder aber überhaupt nicht spricht. Selbst wenn diese Symptome nur ab und an auftreten, ist es schwer, sie zu ertragen. Und wie steht es mit Ihren eigenen Symptomen? Kümmert sich irgend jemand um Sie? Bei Ihnen treten vielleicht ebenfalls solche Symptome auf, möglicherweise sind auch Sie zornig, reizbar und fühlen sich isoliert, einsam, ungeliebt und vernachlässigt. Irgendwann haben Sie das Gefühl, am Ende Ihrer Kraft angelangt zu sein. Sie müssen wissen, daß auch Ihre Symptome, genau wie die Ihres Partners, kurz und leicht bis schwer und beängstigend sein können, daß sie aber mit der Zeit auf jeden Fall schwächer werden. Lassen Sie sich Zeit! Dennoch gibt es Dinge, die Sie tun können, um sie zu lindern. Die folgenden Ratschläge sind allgemein gehalten, wenn Ihre Symptome jedoch intensiver und häufiger auftreten, sollten Sie auf jeden Fall einen Arzt oder Therapeuten aufsuchen. Lesen Sie die folgenden Abschnitte aufmerksam durch, denn Wissen und Verständnis sind der erste Schritt auf dem Weg zur Besserung.

Allgemeine Ratschläge

Einige davon gelten sowohl Ihnen als auch Ihrem Partner.

Verstehen, was geschehen ist
Geben Sie sich Mühe, genau zu verstehen, was während und nach dem Vorfall passiert ist. Wenn Ihr Partner nicht darüber sprechen will, müssen Sie mit Freunden, Kollegen, der Polizei oder anderen Beteiligten reden. Sie werden feststellen, daß es einfacher ist, zu helfen und zu verstehen, wenn Sie genau wissen, was Ihr Partner durchgemacht hat.

Verstehen, was Ihr Partner durchmacht
Stellen Sie sich die folgenden Fragen. Halten Sie die Antworten schriftlich fest.
- Wie benimmt sich mein Partner?
- Welche Gefühle zeigt er oder sie?
- Welche körperlichen Symptome machen sich bemerkbar?
- Sind diese Ausdruck negativer Gedanken und Einstellungen? Um welche negativen Gedanken und Einstellungen handelt es sich?
- Wie lange geht das schon so?

- In welchen Abständen nach dem Erlebnis machen sich die Symptome wieder bemerkbar?

Haben Sie mit Ihrem Partner darüber gesprochen? Wenn nicht, warum nicht?

Verstehen, was Sie und Ihre Familie durchmachen
Stellen Sie sich die folgenden Fragen. Halten Sie die Antworten schriftlich fest.
- Wie reagieren Sie auf das Verhalten Ihres Partners?
- Welche Gefühle hat sein oder ihr Verhalten bei Ihnen ausgelöst?
- Welche körperlichen Reaktionen hat das Verhalten bei Ihnen ausgelöst?
- Mit welchen Dingen werden Sie am schwersten fertig?
- Welche Gefühle hegen Sie?
- Wer weiß, wie Sie sich fühlen?
- Wer steht Ihnen zur Seite?
- Welche Auswirkungen hat das Ganze auf die Kinder und andere Familienangehörige?

Haben Sie mit Ihrem Partner, Ihrer Partnerin darüber gesprochen? Wenn nicht, warum nicht?

Überlegen Sie gut, bevor Sie antworten. Machen Sie, wenn Sie das Gefühl haben, es könnte helfen, die Übung von Seite 126, wobei Sie Ihre eigenen Symptome und Gründe aufführen.

Verhalten Sie sich normal

Wenn Ihr Partner oder Ihre Partnerin keine Verletzung davongetragen hat, ist er oder sie auch nicht krank. Sie sollten sich deshalb nicht wie eine Krankenschwester verhalten, selbst wenn Sie das Gefühl haben, es wäre angebracht. Verhalten Sie sich so natürlich wie nur irgend möglich. Sagen Sie sich im Geiste:

»Du hast ein traumatisches Erlebnis gehabt, aber du bist nicht krank. Jeder braucht Zeit, um darüber hinwegzukommen. Ich kann dir helfen, aber du mußt dir auch selbst helfen.«

Versichern Sie Ihren Partner der Normalität seines Verhaltens, aber auch Ihrer Liebe und Ihrer Unterstützung. Wenn nötig, erklären Sie ihm oder ihr, daß es nicht einfach ist, daß Sie alle das Trauma jedoch mit Liebe, Verständnis und Mitgefühl bewältigen können. Wichtig ist, daß Sie und Ihr Partner gemeinsam daran arbeiten. Wenn Sie dazu Hilfe benötigen, sollten Sie diese Hilfe in Anspruch nehmen.

Laufen Sie vor Ihren Gefühlen nicht davon

Versichern Sie sich immer wieder, daß Ihre Symptome ebenfalls normal sind. Machen Sie sich keine Vorhaltungen, wenn Sie beispielsweise zornig sind, Sie sind es eben, und das ist in Ordnung. Ihr Zorn ist echt, und er gehört zu Ihnen! Versuchen Sie nicht, vor Ihren Gefühlen davonzulaufen und sie zu unterdrücken. Selbst wenn Sie das Gefühl haben, stark sein zu müssen für die anderen, dürfen Sie auch manchmal schwach sein. Kein Mensch kann immer stark sein. Ich kann nicht oft genug wiederholen, daß es keineswegs sinnvoll ist, Gefühle zu unterdrücken, denn sie werden im Innern aufgestaut, bis sie eines Tages explodieren. Versuchen Sie deshalb, einen Weg zu finden, die Gefühle zum Ausdruck zu bringen und damit die Spannung abzubauen. Wer wollte schon im Supermarkt um die Ecke auf einmal anfangen zu schreien und zu toben? Wenn es dennoch soweit kommt, ist auch das in Ordnung. Es wäre nicht das Ende der Welt. Manchmal muß man seine Gefühle im Zaum halten, und wenn sie dann hin und wieder zu unpassender Gelegenheit an die Oberfläche kommen, ist dies noch lange kein Grund, sich zu schämen. Unhöfliche Kellner und Verkäufer sind nicht die schlechtesten Zielscheiben! Schaffen Sie einen Raum, in dem Sie Ihre Gefühle ohne Angst ausdrücken können. Machen Sie Ihrem Ärger in der Sicherheit Ihrer eigenen vier Wände Luft, oder wandeln Sie die Energie um, indem Sie sich durch sportliche Betätigung verausgaben. Manchmal hilft es, ganz allein im stillen Kämmerchen zu toben und zu schreien, ja sogar zu fluchen, wenn einem danach ist. Dadurch kann man Spannung abbauen und Gefühlen ihren freien Lauf lassen, und es ist allemal besser, als seine schlechte Laune an Partner und Kindern auszulassen. Sollte Ihnen dieser Ratschlag nicht zusagen, gehen Sie einfach zum nächsten über.

Hören Sie zu
Schenken Sie Ihrem Partner oder Ihrer Partnerin Gehör. Sollte es immer wiederkehrende Themen geben, gilt es, darauf zu achten, welchen Einstellungen und Gedanken sie entspringen. Gibt es etwas, was Sie tun oder sagen könnten, um

zu helfen? Achten Sie darauf, daß Sie nicht ein heimliches Einverständnis herstellen, indem Sie zulassen, daß die ständigen Reden zu einer Besessenheit werden, er oder sie immer wieder das gleiche vorträgt und sich dabei nur im Kreis dreht. Führen Sie sich vor Augen, daß auch Sie nicht endlos zuhören können. Vielleicht müssen Sie deshalb auch einmal sagen: »Ich habe jetzt genug gehört. Ich brauche eine Pause, auch wenn du weiterreden möchtest.«

Auf das Gehörte reagieren
Sagen Sie nicht immer nur: »Hhm. Aha. Oje!«, sondern zeigen Sie mit Ihrer Antwort aktive Anteilnahme. Vermeiden Sie dabei allerdings, in einen Streit zu geraten und aggressiv oder unterwürfig zu sein. Sie dürfen dem anderen ruhig widersprechen.

Sollte Ihr Partner etwas behaupten, was ganz einfach nicht wahr oder zumindest höchst fragwürdig ist, sagen Sie ihm dies klar und deutlich und ehrlich. Ihr Partner könnte beispielsweise sagen:

»Ich bin so schwach und armselig, ich hab nicht einmal geholfen! Ich hätte mich wirklich etwas mehr bemühen können.«

Und Sie könnten antworten:

»Nein, du hättest nichts tun können, denn wenn du etwas getan hättest, wärst du vielleicht umgekommen. Außerdem hättest du damit noch andere gefährdet.«

Sorgen Sie dafür, daß Ihr Partner versteht, was Sie meinen. Wiederholen Sie Ihre Erwiderung wenn nötig mit anderen Worten, vielleicht in Verbindung mit einer Frage.

»Du sagst, du hättest etwas tun sollen, aber der Mann

Mit dem Partner oder der Partnerin zurechtkommen

hat dich mit einer Pistole bedroht und hätte dich umbringen können. Sag mir, was hättest du tun können? Und welche Folgen hätte dein Tun möglicherweise gehabt?«

Ihre Erwiderung und Ihre Frage sollten nicht ungehört bleiben, hin und wieder werden Sie beides sogar wiederholen müssen. Beharren Sie auf den Fakten des Geschehens – was möglich war, was nicht hätte getan werden können und was tatsächlich getan wurde – und erheben Sie Einspruch gegen jedes »hätte sollen«.

Sie könnten sogar noch deutlicher werden und sagen:

»Ich versuche wirklich, dich zu verstehen. Du sagst, du hättest ›etwas tun sollen‹, aber wenn du etwas getan hättest, wärst du vielleicht tot, und ich wäre Witwe und deine Kinder ohne Vater, und heute würdest du wahrscheinlich beerdigt. Wäre das besser gewesen? Vielleicht hast du nichts unternommen, weil du Angst gehabt und genau gewußt hast, was passieren würde?«

Widersprechen Sie allen Aussagen, die fragwürdig oder unwahr sind. Versuchen Sie Ihren Partner dazu zu bewegen, das Geschehene in einem anderen Licht zu sehen. Wenn er oder sie Gefühle äußert, gehen Sie einfühlsam darauf ein, lassen Sie jedoch nicht zu, daß sie Ihre Antwort überschatten. Es könnte sich um Gefühle wie Schuld und Hilflosigkeit handeln, Gefühle, die durch das Geschehene entstanden sind und die es anzunehmen und zu verstehen gilt.

Sie könnten antworten:

»Du fühlst dich schrecklich schuldig wegen des Geschehens. Du hast dich damals so hilflos gefühlt und tust es immer noch.«

Vergessen Sie dabei die Tatsachen nicht:
»Du warst damals vollkommen hilflos und fühlst dich deswegen jetzt schuldig. Aber der Kerl hat mit der Pistole auf dich gezielt. Was war das für ein Gefühl? Und was wäre passiert, wenn du etwas unternommen hättest?«

Sie werden nicht immer hundertprozentig richtig reagieren, vor allem, wenn Sie mit Ihren eigenen Gefühlen und denen Ihres Partners fertig werden müssen. Bereiten Sie sich auf einen Wutausbruch vor, bei dem Sie hinausschreien, daß Sie es nicht verstehen. Dazu gehört mitunter Mut, aber es lohnt sich vielleicht. Was Sie sagen und wie Sie es tun, hilft. Sie versuchen, das Gleichgewicht wieder herzustellen zwischen den Gefühlen und den nackten Tatsachen, so, wie sie damals waren, und so, wie sie heute sind.

Reden Sie ganz normal

Reden Sie ganz normal und natürlich, und vermeiden Sie es, zu fürsorglich zu sein. Das Leben geht weiter, und die normalen Dinge des Alltags sollten nicht gemieden oder übersehen werden. Wenn Sie das Gefühl haben, Ihr Partner könne es ertragen, erzählen Sie ihm, wie es Ihnen geht. Sagen Sie ihm, wie sich die Situation auf Sie und Ihre Familie auswirkt, was Sie fühlen und denken, und zwar nicht aggressiv und schuldzuweisend, sondern ruhig und bestimmt. Es ist Ihnen vielleicht nicht ganz wohl in Ihrer Haut, wenn Sie sich vorstellen, Ihrem Partner zu sagen, wie es Ihnen geht, aus Angst, ihn dadurch noch mehr zu belasten und noch mehr Zorn und Schuldgefühle auszulösen. Sie fühlen sich vielleicht schuldig, wenn Sie es sagen, aber Sie müssen ehrlich sein, sowohl mit sich selbst als auch mit Ihrem

Partner. Denken Sie immer daran, daß Ihre Gefühle auch dann existent sind, wenn Sie sie nicht aussprechen.

Sagen Sie nichts, was nicht hilfreich ist
Die folgenden Aussagen sind vielleicht wahr, aber nicht unbedingt hilfreich:

- »Ich weiß, wie du dich fühlst.«
  Jeder Mensch fühlt ausschließlich seine eigenen Gefühle. Man weiß vielleicht, was der andere fühlt, aber nicht, wie er sich fühlt.
- »Ich bin damit fertig geworden. Und du solltest es auch.«
  Jeder Mensch wird auf seine eigene Art und Weise mit Dingen fertig, der eine mehr, der andere weniger. Nur weil Sie etwas bewältigt haben, heißt das noch lange nicht, daß ein anderer das gleiche tun sollte.
- »Was ist bloß los mit dir, die anderen klagen doch auch nicht.«
  Jeder Mensch reagiert anders und einzigartig auf ein traumatisches Erlebnis, kein Mensch reagiert wie der andere.
- »Aber es war doch gar nicht so schlimm.«
  Wenn es für Ihren Partner schlimm war, dann war es schlimm, ganz gleich, wie Sie darüber denken.
- »Reiß dich zusammen. Du mußt dich halt bemühen.«
  Genau das kann Ihr Partner nicht. Ihre Worte drücken aus, daß er oder sie sich schwach und kläglich verhält und sich aus irgendeinem Grund sogar wohl dabei fühlt.
- »Das mußt du nicht tun. Das mach ich für dich.«
  Damit untergraben Sie seine Selbstsicherheit und geben

ihm das Gefühl, unfähig zu sein. Es kostet Mühe und Anstrengung, selbst tätig zu werden, aber damit nimmt er nicht nur mehr am Leben teil, sondern fühlt sich darüber hinaus weniger abhängig.
- »Die Zeit heilt alle Wunden.«
Dies stimmt in der Regel, trotzdem kann ein solcher Satz unangebracht sein und den Eindruck vermitteln, als verstünden Sie nicht und wollten auch nicht verstehen.
- »Es gibt andere, die sind noch viel schlimmer dran als du.«
Das ist so, als würde man einen Menschen, der ein Bein verloren hat, damit trösten, indem man sagt, daß andere zwei Beine verloren haben. Das mag richtig sein, aber es ist nicht sehr hilfreich.

Vermeiden Sie Anklagen

Sagen Sie nichts, was den Eindruck vermitteln könnte, Sie machten Ihren Partner verantwortlich für das, was geschehen ist, oder für seine Symptome.
- Du bist schwach/hoffnungslos/dumm/ein Jammerlappen/ein Idiot.
- Mit dir kann einfach was nicht stimmen.
- Du wirst langsam, aber sicher verrückt.
- Du bist nutzlos – als Partner/Geliebte/Vater etc.
- Du solltest längst darüber hinweg sein.
- Du machst aber auch alles falsch.

Es ist verständlich, daß Sie sich zu solchen Sätzen hinreißen lassen, wenn sie wütend und frustriert sind, aber hilfreich sind sie nicht.

Zeigen Sie Mitgefühl

Mitgefühl heißt nicht: »Ich weiß, wie du dich fühlst.« Das ist nicht nur nicht wahr, sondern darüber hinaus auch noch beleidigend und herablassend und zeigt, daß Sie es wirklich nicht wissen. Mitgefühl wäre, zu sagen: »Du mußt dich schrecklich fühlen«, oder: »Mir scheint, du bist furchtbar zornig, und das muß schrecklich sein.« Mitgefühl bedeutet, einem anderen die Hand zu reichen, um ihn zu unterstützen, und zu sagen: »Ich verstehe es zwar nicht, aber ich bin da.« Echtes Mitgefühl ist aber noch mehr. Mitgefühl versucht aus den eigenen Erfahrungen zu erspüren, wie der andere sich fühlt. Wenn Ihr Partner Angst hat, versuchen Sie sich einen Vorfall ins Gedächtnis zu rufen, bei dem Sie Angst empfunden haben. Selbst dann müssen Sie aber erkennen, daß es sich um das Gefühl Ihrer eigenen Angst handelt, und nicht um das Gefühl des anderen. Versuchen Sie zu verstehen, wie Ihr Partner sich fühlt. Das heißt nicht, daß Sie alles hinnehmen müssen, was Ihr Gegenüber sagt und tut. »Ich verstehe, daß du wütend bist, aber es hilft nicht, wenn du mich anschreist.« Ihr Partner muß auch Ihre Gefühle verstehen und sie respektieren.

Seien Sie da, aber lassen Sie nicht über sich verfügen

Seien Sie da, um zu helfen, aber sitzen Sie nicht wie eine Glucke auf Ihrem Partner oder Ihrer Partnerin. Sie haben Ihr eigenes Leben. Traumaopfer können sehr fordernd und abhängig sein; wenn Sie ständig zur Verfügung stehen, übernehmen Sie möglicherweise zu viel Verantwortung für den geliebten Menschen und bestärken ihn damit in dem Gefühl der Hilflosigkeit und Unzulänglichkeit. Es wäre deshalb falsch, alles zu übernehmen. Auch Sie müssen mit Ihren Kräften haushalten, wenn Sie sich nicht erschöpfen wollen. Sorgen Sie für Ihren Partner, aber vergessen Sie dabei nicht sich selbst!

Leben Sie mit Ihren Gefühlen und verzeihen Sie sich

Lassen Sie nicht zu, daß Ihre Gefühle oder die Ihres Partners Ihr Leben dominieren. Zorn, Schuld und Groll können im Innern gären und somit alles, was Sie denken und tun, beeinflussen. Führen Sie sich immer wieder vor Augen, daß Ihr Partner nicht der einzige ist, der durch das, was geschehen ist, beeinflußt wurde und nun damit fertig werden muß. Es werden Dinge gesagt und getan, die sie beide bereuen mögen, aber so ist das Leben. Sie sind nicht perfekt, sondern versuchen Ihr Bestes zu geben, um eine schwierige Situation zu meistern.

Der Umgang mit Zorn und Gewalt

Streit gehört zum Leben, er ist normal und natürlich. Ausbrüche von Wut und Frust werden in der Regel an Porzellan, Wänden und Möbeln ausgelassen und nicht an Ihnen.

Wenn Sie auf Wut reagieren, sollten Sie
- auf einer Ebene antworten, die bezüglich Intensität geringfügig unter der Ihres Partners ist
- versuchen, ruhig zu bleiben. Seien Sie dabei jedoch eindeutig und bestimmt
- nicht zulassen, daß die Wut Sie erdrückt
- sich, wenn nötig, umdrehen und weggehen

Verbale Wut ist akzeptabel, körperliche Gewalt jedoch nicht. Wenn sie zum Ausbruch kommt, sollten Sie
- ruhig bleiben und dabei klar und deutlich zum Ausdruck bringen, daß das Verhalten des Partners nicht akzeptabel ist
- die Konsequenzen aufzeigen, wenn sein Verhalten sich nicht ändert
- das Haus verlassen und Hilfe in Anspruch nehmen, wenn das Verhalten gefährlich wird

Sie und vor allem Kinder sollten sich einer gewalttätigen Atmosphäre auf jeden Fall entziehen.

Bitten Sie Ihren Partner um Mithilfe
Bitten Sie Ihren Partner, einkaufen zu gehen oder andere Dinge im Haushalt zu tun. Sie sollten nicht alles alleine machen, sondern die Aufgaben im Haus und bei der Versorgung der Kinder teilen. Auf diese Weise hat jeder seine ihm zugewiesene Rolle und die damit verbundene Verantwortung in der Beziehung. Gleichzeitig kann damit Selbstvertrauen wieder aufgebaut und Unabhängigkeit und Kontrolle gewonnen werden.

Die Versorgung der Kinder
Die Kinder reagieren auf die Symptome Ihres Partners und auf die Ihren sowie auf die damit verbundene Atmosphäre. Es ist nur verständlich, wenn sie sich seltsam und ungezogen benehmen und außer Rand und Band geraten. Auch sie brauchen Zuspruch, Liebe und Verständnis; sofern sie alt genug sind, sagen Sie ihnen, was passiert ist, und erklären

Sie ihnen, daß die Situation im Augenblick für alle schwierig ist, daß es aber besser werden wird.

Der Umgang mit Rückzug
Ein traumatisches Erlebnis ist nicht selten die Ursache dafür, daß Sie sich körperlich und seelisch von Ihrem Partner oder Ihr Partner von Ihnen entfernt, wodurch sich beide isoliert und alleine fühlen. Tun Sie Ihr Bestes, um den anderen Ihr Mitgefühl spüren zu lassen, und machen Sie sich dabei die Strategien in diesem Buch zunutze. Versichern Sie Ihrem Partner Ihre Liebe, lassen Sie ihm jedoch genügend Raum und Zeit.

Nehmen Sie sich Zeit für sich
Tun Sie alles, damit Sie nicht selbst in die Opferrolle geraten. Gehen Sie weiterhin Ihren Hobbies und Interessen nach, vor allem, wenn Ihr Partner sie nicht mit Ihnen teilt. Bleiben Sie in Kontakt mit Ihren Freunden, und treffen Sie sich mit Ihnen, ohne allerdings den anderen auf die Nerven zu fallen, weil Sie nur von Ihrem Partner und Ihren Problemen sprechen. Halten Sie sich geistig und körperlich fit. Tun Sie ab und zu etwas Gutes für sich. Ein Blumenstrauß wäre vielleicht eine gute Idee.

Vertrauen Sie sich jemandem an
Sie müssen sich um sich selbst kümmern. Wenn Sie keinen Arzt oder Therapeuten aufsuchen wollen, sprechen Sie mit jemandem, dem Sie vertrauen und der versucht, Sie zu verstehen, und Sie nicht kritisiert. Teilen Sie Ihre Sorgen und Gefühle mit diesem Menschen. Fragen Sie sich:

- Mit wem habe ich seit dem Vorfall gesprochen, und kann ich weiterhin mit ihm oder ihr sprechen?
- Wenn nicht, mit wem kann ich dann sprechen?

Sex ist nicht alles!

Sex ist wichtig, aber seien Sie nicht überrascht, wenn sich der Wunsch danach zumindest eine Zeitlang überhaupt nicht mehr einstellt. Vielleicht sind Sie sogar erleichtert, vor allem, wenn Sie und Ihr Partner mit schwierigen Gefühlen und Symptomen umgehen müssen. Sie versuchen mit sich, mit Ihrem Partner, mit der Arbeit sowie mit Kindern und Haushalt zurechtzukommen, und vielleicht müssen Sie dies ohne Wärme und Nähe schaffen. Wen verwundert es da, wenn der Sex größtenteils oder gar ganz ausbleibt? Sie müssen sich und Ihrem Partner Zeit lassen, sich an die Situation zu gewöhnen. Wenn Ihr Partner klammert und bedürftig ist, sind Ihrerseits mehrere Reaktionen möglich: Sie sind entweder angezogen oder abgestoßen, oder es läßt Sie kalt. Sie können jedoch genausogut ein gesteigertes Bedürfnis nach Sex, körperlicher Nähe und Entspannung haben.

Bedienen Sie sich eines »Mantras«

Ich habe bereits an früherer Stelle empfohlen, ein »Mantra« zu benutzen. Denken Sie sich eines aus, schreiben Sie es auf eine Karte, und sagen Sie es sich tagsüber mehrmals vor. Wählen Sie etwas wie:

> *»Ich gebe mein Bestes. Es ist nicht leicht für meinen Partner, und es ist nicht leicht für mich. Aber ich werde damit fertig, und ich werde überleben.«*

Weitere Bewältigungsstrategien

Probieren Sie alle Übungen und Strategien in Kapitel 6 und 8 aus. Erwarten Sie keine Wunder, aber vertrauen Sie darauf, daß sich die Dinge langsam, aber sicher zum Positiven wenden. Verändert sich allerdings nichts, sollten Sie einen Arzt oder Therapeuten aufsuchen.

8. Hilfe und Selbsthilfe

Hilfe beginnt mit dem Verstehen dessen, was geschehen ist, mit dem Wissen, wie und warum man reagiert hat, und mit dem Vertrauen darauf, daß man sich selbst helfen kann. Es gibt verschiedene Selbsthilfestrategien, wie in Kapitel 6, 7 und hier beschrieben, sowie verschiedene Organisationen und Menschen, die Rat und Hilfe anbieten. Probieren Sie so lange aus, bis Sie die richtigen für sich gefunden haben.

Selbsthilfe

Selbsthilfegruppen
Eine Selbsthilfegruppe sollte sich aus Menschen zusammensetzen, die ähnliche, nicht zwangsläufig die gleichen traumatischen Erlebnisse durchgemacht haben. Sollten diese Gruppenzusammenkünfte Ihnen nicht helfen, versuchen Sie es anderswo.

Selbsthilfeübungen
Wenn Sie noch keine gemacht haben, versuchen Sie es mit den Übungen auf den Seiten 125–128 sowie mit der »Umdeutungsübung« den Seiten 132–134.

Sport und Ernährung
Sport und eine gesunde Ernährung dienen Ihrer Gesundheit, Ihrem körperlichen Wohlbefinden und Ihrem Selbstvertrauen. Ernährungsanleitungen bekommen Sie unter anderem von Ihrem Hausarzt.

Gebet und Glaube
Man muß nicht unbedingt gläubig sein, um zu beten. Der große französische Philosoph Voltaire war als Kritiker der Kirche bekannt, und trotzdem lüftete er ehrfurchtsvoll den Hut, wenn er an einer Kirche vorüberging. Als ein Freund zu ihm sagte: »Ich dachte, du glaubst nicht an Gott«, antwortete er: »Wir sprechen nicht miteinander, aber wir anerkennen uns gegenseitig.«

Im Gebet geht es nicht darum, daß man um etwas bittet, sondern darum, die Existenz einer höheren Macht anzuerkennen und sich für diesen Gedanken zu öffnen. Nehmen Sie sich Zeit, Ihre Vorstellungen von sich selbst, von anderen, vom Sinn des Lebens und von der Welt und ihrer Zukunft neu zu überdenken. Sprechen Sie mit anderen Menschen darüber und lesen Sie Bücher zu dem Thema.

An den Ort des Geschehens zurückkehren
Wenn es Ihnen möglich ist, gehen Sie an den Ort des Geschehens zurück. Nehmen Sie, wenn nötig, einen Freund oder eine Freundin mit. Wenn Sie sich auf diese Weise mit Ihren Ängsten und Erinnerungen auseinandersetzen, stärken Sie Ihr Selbstbewußtsein.

Yoga und Meditation
Halten Sie Ausschau nach einer Yogagruppe, und besorgen Sie sich ein Buch dazu. Informationen finden Sie vielerorts, u. a. bei der Volkshochschule, in Gesundheitszentren, aber auch bei Ihrem Hausarzt und bei Ihrer Krankenkasse.

Entspannungskurse und -techniken
Entspannungskurse werden heute bereits in vielen Firmen angeboten, darüber hinaus helfen Ihre Krankenkasse und Ihr Hausarzt. Informationen dazu gibt es natürlich in jeder Bücherei, und vergessen Sie nicht, Freunde und Bekannte zu fragen.

Musik
Oft ist schon die eigene Lieblingsmusik hilfreich, die man zu Hause oder beim Spazierengehen auf CD oder Kassette anhört.

Akupunktur, Reflexzonenmassage und Aromatherapie
Alternative Heilmethoden müssen oftmals aus eigener Tasche bezahlt werden. Entscheidend ist jedoch in erster Linie, ob Ihnen damit geholfen ist.

Streßbewältigungskurse
Wenn Sie es sich leisten können, sollten Sie einen Streßbewältigungskurs besuchen. In seltenen Fällen übernimmt der Arbeitgeber die Kosten.

Hilfe und Selbsthilfe

Lachen
Lachen ist die beste Medizin, das sagt schon der Volksmund. Versuchen Sie zu lachen, auch wenn es Ihnen schwerfällt. Schauen Sie sich Ihren Lieblingskomiker im Fernsehen oder auf Video an. Rufen Sie sich Momente ins Gedächtnis zurück, in denen Sie glücklich waren und das Leben genossen haben. Überlegen Sie, ob Sie vielleicht sogar über sich selbst lachen können.

Anderen helfen
Wer anderen hilft, hilft sich selbst. Viele wohltätige Organisationen und Vereine sind ständig auf der Suche nach freiwilligen Helfern. Erkundigen Sie sich bei Ihrer Stadt- oder Gemeindeverwaltung oder bei kirchlichen Organisationen.

Hilfe am Arbeitsplatz

Nicht alle Menschen in Ihrer Firma wissen um die Auswirkungen von Streß und traumatischen Erlebnissen; manche sind vielleicht sogar skeptisch und abweisend, wenn man sie darauf anspricht. Trotzdem gibt es in jeder Firma Möglichkeiten, Hilfe in Anspruch zu nehmen. Wenden Sie sich in erster Linie an:
- Ihren Vorgesetzten
- Ihre Personalabteilung
- Ihren Betriebsarzt

Sie weisen möglicherweise den Weg zu Reintegrationskursen, ansonsten sollten Sie mit Ihrem Hausarzt sprechen oder einen Therapeuten aufsuchen. In Reintegrationskursen lernen Sie, das Geschehene und die darauf erfolgten Reaktionen anzuschauen, und erfahren, welche Möglichkeiten der Hilfe und Selbsthilfe es gibt. Reintegrationskurse sind noch keine Therapie.

Hausarzt und Krankenhaus

Ihre erste Anlaufstelle kann Ihr Hausarzt oder die psychiatrische Ambulanz einer Klinik sein. Ihr Hausarzt wird Sie, wenn notwendig, an einen Therapeuten überweisen. Sofern ein Patient dies wünscht, überweist der Hausarzt auch in ein Krankenhaus bzw. eine Klinik, wo Sie sich in Behandlung eines Psychologen oder Psychotherapeuten begeben können. Sehr gute Erfolge werden in der Regel mit Verhaltenstherapie erzielt. Manchmal hilft es bereits, sich das Erlebte und Gefühlte von der Seele zu reden.

Nicht jeder Hausarzt weiß um Posttraumatische Belastungsstörungen (PTBS) und verschreibt deswegen vielleicht Medikamente gegen Angstzustände, Depression, Schlaflosigkeit u. a. Medikamente können hilfreich sein, aber auf lange Sicht gesehen sollte man lieber die Ursachen behandeln und nicht nur die Symptome.

Für sämtliche Vorschläge und Anregungen in diesem Buch gelten folgende Regeln:
- Wenn es nicht funktioniert, probieren Sie etwas anderes aus.

Hilfe und Selbsthilfe

- Lassen Sie sich nicht entmutigen. Versuchen Sie es weiter.
- Es wird Hilfe angeboten, und es ist möglich, das, was Sie erlebt haben, zu bewältigen.
- Denken Sie immer daran, daß Sie sich nicht freiwillig einem Trauma ausgesetzt haben.

Möglicherweise entdecken Sie innere Kräfte, von denen Sie bisher nicht einmal geahnt haben.

Anhang

Nützliche Adressen

Stationäre Behandlungsmöglichkeiten in Krankenhäusern, Rehabilitationskliniken und Universitätskliniken

Klinik Schwedenstein
Obersteinaer Weg
01896 Pulsnitz
Telefon 035 955/47-503
Fax 035 955/47-635
www.klinik-schwedenstein.de

Indikation:
- Posttraumatische Belastungsstörung nach traumatischen Einzelereignissen oder anhaltenden Belastungssituationen
- Andauernde Persönlichkeitsänderung nach Extrembelastung
- Akute traumatische Erlebnisse

Schloßparkklinik
Heubnerweg 2
14059 Berlin
Telefon 030/32 64-13 52
Fax 030/32 64-16 00 (mit Empfängervermerk)
www.schlosspark-klinik.de

Indikation:
Posttraumatische psychische und psychosomatische Störungen

Nützliche Adressen

Brandenburg-Klinik
Brandenburgallee 1
16321 Bernau (Waldsiedlung)
Telefon 033 397/3-31 01
Fax 033 397/3-33 43
www.brandenburg-klinik.de

Indikation:
– Posttraumatische Belastungsstörung
– Anpassungsstörungen nach Trauma
– Somatoforme Störungen nach Trauma
– Aktualisierung vorbestehender neurotischer Störungen
– Andauernde Persönlichkeitsveränderung nach Extrembelastung

Psychiatrische Universitätsklinik im Klinikum Stralsund
Rostocker Chaussee 70
18437 Stralsund
Telefon 038 31/45 21 00
Fax 038 31/45 21 05
www.klinikum-stralsund.de

Indikation:
– Posttraumatische Belastungsstörung nach traumatischen Einzelereignissen oder anhaltenden Belastungssituationen
– Andauernde Persönlichkeitsänderung nach Extrembelastung
– Akute traumatische Erlebnisse

Niedersächsisches Landeskrankenhaus Lüneburg
Am Wienebütteler Weg 1
21339 Lüneburg
Telefon 041 31/60-0
Fax 041 31/60-11 09
www.nlkh-lueneburg.niedersachsen.de

Stationäre Behandlungsmöglichkeiten

Indikation:
- Posttraumatische Belastungsstörung
- Andere traumatisch bedingte Störungen
- Aktualisierung vorbestehender Störungen durch ein Trauma

Klinikum Nord
Abteilung für Psychiatrie
Langenhorner Chaussee 560
22419 Hamburg
Telefon 040/52 71-27 63
Fax 040/52 71-16 08
www.klinikum-nord.lbk-hh.de

Indikation:
- Posttraumatische Belastungsstörungen
- Frauen mit Gewalterfahrungen

Abteilung Psychosomatik und Psychotherapie
Medizinische Hochschule Hannover
Carl-Neuberg-Str. 1
30625 Hannover
Telefon 0511/532-65 69
Fax 0511/532-31 90
www.mh-hannover.de

Indikation:
- Posttraumatische Belastungsstörungen
- Persönlichkeitsstörungen
- Andere traumabedingte psychische Störungen

Klinikum für Rehabilitation Bad Salzuflen
Klinik Flachsheide
Forsthausweg 1
32105 Bad Salzuflen

Nützliche Adressen

Telefon 052 22/39 88 14
Fax 052 22/39 88 40
www.flachsheide.de

Indikation:
Posttraumatische Belastungsstörung

Ev. Johannes-Krankenhaus
Klinik für psychotherapeutische und psychosomatische Medizin
Graf-von-Galen-Str. 58
33619 Bielefeld
Telefon 0521/801-15 20
Fax 0521/801-15 30
www.johannes-krankenhaus.de

Indikation:
PTBS und komplexe PTBS und andere traumabedingte psychische Störungen

Wicker-Klinik
Psychosomatische Abteilung
Fürst-Friedrich-Str. 2–4
34537 Bad Wildungen
Telefon 056 21/792-237
Fax 056 21/792-695
www.wicker-klinik.de

Indikation:
Posttraumatische Belastungsstörungen nach unterschiedlichen Traumen (eher Männerbereich), nach Vergewaltigung und Traumatisierung durch sexualisierte Gewalt in der Kindheit (eher Frauenbereich)

Stationäre Behandlungsmöglichkeiten

Vogelsbergklinik
Jean-Berlit-Str. 31
36355 Grebenhain
Telefon 066 43/701-0
Fax 066 43/701-476
www.ebel-kliniken.de/Vogelsberg.htm

Indikation:
- Akute Belastungsreaktionen
- Posttraumatische Belastungsstörungen
- Andauernde Persönlichkeitsveränderungen nach Extrembelastung (Angststörungen, Somatisierungsstörungen, Borderline-Persönlichkeitsstörungen, ausgeprägte Eßstörungen und selbstverletztendes Verhalten)

Stiftung Tannenhof
Psychiatrie 4
Allgemeine Psychiatrie und Psychotraumatologie
Remscheider Str. 76
42899 Remscheid
Telefon 021 91/12-11 90
Fax 021 91/12-11 99
www.stiftung-tannenhof.de

Indikation:
- Posttraumatische Belastungsstörungen
- Akute traumatische Erlebnisse
- Andere traumabedingte psychische Störungen

St.-Vinzenz-Hospital
Abt. für Psychiatrie und Psychotherapie
Dr.-Otto-Seidel-Str. 31–33
46535 Dinslaken
Telefon 020 64/44-10 46
Fax 020 64/4 90 76
www.st-vinzenz-hospital.de

Nützliche Adressen

Indikation:
- Posttraumatische Belastungsstörungen
- Andere traumatisch bedingte psychische Erkrankungen, z. B. Dissoziative Störungen, Angststörungen etc.

Klinik für Psychosomatik und Psychotherapeutische Medizin
Universitätsklinikum der RWTH Aachen
Pauwelstr. 30
52074 Aachen
Telefon 0241/80 89 821
Fax 0241/88 88 422
www.rwth-aachen.de

Indikation:
- Posttraumatische Belastungsstörung
- Andere traumatisch bedingte Störungen
- Aktualisierung vorbestehender Störungen durch ein Trauma

Psychosomatische Fachklinik
St.-Franziska-Stift Bad Kreuznach
Franziska-Puricelli-Str. 3
55543 Bad Kreuznach
Telefon 0671/88 20-0
Fax 0671/88 20-190
www.franziska-stift.de

Indikation:
- Akute Traumatisierungen
- Posttraumatische Belastungsstörungen
- Komplexe Posttraumatische Belastungsstörungen
- Mischdiagnosen Posttraumatische Belastungsstörungen kombiniert mit Persönlichkeitsstörungen und Psychosen

Stationäre Behandlungsmöglichkeiten

Klinik Hohe Mark
Friedländerstr. 2
61440 Oberursel
Telefon 061 71/20 4-0
Fax 061 71/20 4-80 00
www.hohemark.de

Indikation:
- Posttraumatische Belastungsstörungen
- Andere traumatisch bedingte psychische Erkrankungen, z. B. Dissoziative Störungen, traumatisch bedingte Borderline-Syndrome, Angststörungen etc.

Fachklinik Eußerthal
76857 Eußerthal
Telefon 063 45/20-0
Fax 063 45/20-211
www.lva-rheinland-pfalz.de

Indikation:
Patienten mit Suchterkrankungen und zusätzlichen Traumatisierungen

Klinik GmbH & Co. Psychiatrie Ortenau KG
Klinik für Psychiatrie und Psychotherapie
Bertha-von-Suttner-Str. 1
77543 Offenburg
Telefon 0781/91 92-0
Fax 0781/91 92-100
www.medizin-ortenau.de

Indikation:
Posttraumatische Belastungsstörung

Nützliche Adressen

Hans-Carossa-Klinik, Klinik für Psychatrie,
Psychosomatik und Psychotherapeutische Medizin
Hauptstr. 19
79780 Stühlingen
Telefon 077 44/930-0
Fax 077 44/930-411
www.carossa-klinik.de

Indikation:
Posttraumatische Belastungsstörung

Medizinisch-Psychosomatische Klinik Roseneck
Am Roseneck 6
83209 Prien am Chiemsee
Telefon 080 51/68-0
Fax 080 51/68-35 63
www.schoen-kliniken.de

Indikation:
- Posttraumatische Belastungsstörungen und andere Belastungsreaktionen, meist als Zweitdiagnose bei anderen psych. Störungen (v. a. Eßstörungen, Psychosen)
- Patientinnen mit Mißbrauchserfahrungen

Klinikum Nürnberg
Klinik für Psychosomatik und Psychotherapeutische Medizin
90340 Nürnberg
Telefon 0911/398-0
Fax 0911/398-28 61
www.klinikum-nuernberg.de

Indikation:
- Posttraumatische Belastungsstörung
- Andere traumatisch bedingte Störungen

Traumazentren und Beratungsstellen

Behandlungszentrum für Folteropfer
Klinikum Westend
Spanndauer Damm 130
14050 Berlin
Telefon 030/30 39 06-0
Fax 030/30 61 43 71
www.bzfo.de

Freie Universität Berlin, Fachbereich Humanmedizin
Universitätsklinikum Benjamin Franklin, Psychiatrische Klinik
Abt. für Sozialpsychiatrie
Platanenallee 10
14050 Berlin
Telefon 030/84 45-84 00/-84 01
Fax 030/84 45-83 89

FATRA e. V. – Frankfurter Arbeitskreis Trauma und Exil
Psychotherapeutische, soziale und politische Unterstützung
für Flüchtlinge und Verfolgte
Merianstr. 39
60316 Frankfurt
Telefon 069/49 91 74
Fax 069/49 85 28

Münchner Institut für Traumabehandlung
Garchinger Str. 40
80805 München
Telefon 089/36 10 90 70
Fax 089/36 10 79 83

Nützliche Adressen

Universitäts-Krankenhaus Eppendorf
Abteilung für Psychiatrie und Psychotherapie
des Kindes- und Jugendalters
Ambulanz für Flüchtlingskinder und ihre Familien
Martinistr. 52
20246 Hamburg
Telefon 040/471 722 30
Fax 040/471 751 69

Zentrum für Psychotraumatologie
Dreikönigstr. 19
60594 Frankfurt
Telefon 069/603 240 63

Institut für Psychotraumatologie Köln
Springen 26
53804 Much
Telefon 022 45/91 94 0
Fax 022 45/91 94 10

Universitätsambulanz für Psychotherapie
der Fachrichtung Psychologie
Technische Universität Dresden
Hohe Str. 53
01187 Dresden
Telefon 0351/463 69 79

Psychotherapeutisches Institut im Park
Steigstr. 26
CH-8200 Schaffhausen
Telefon +41 52/624 97 82
Fax +41 52/625 08 00

Traumazentren und Beratungsstellen / Internetadressen

Institut für Psychotrauma Schweiz
Napoleonstr. 16b
CH-3930 Visp
Telefon +41 27/946 64 22
Fax +41 27/946 34 23

Zürcher Fachstelle für Psychotraumatologie ZFP
Postfach 1007
CH-8021 Zürich
Telefon 0901/57 20 50

Beratungsstelle für Klinische Psychologie,
Psychotherapie und Gesundheitspsychologie
Institut für Psychologie, Universität Salzburg
Hellbrunnerstr. 34
A-5020 Salzburg
Telefon +43 62/8044-5122
Fax +43 62/8044-5126

Institut für Psychologie, Universität Klagenfurt
Universitätsstr. 65–67
A-9020 Klagenfurt
Telefon +43 463/2700-1673
Fax +43 463/2700-1696

Internetadressen

www.trauma-hotline.de
www.trauma-informations-zentrum.de
www.selbsthilfe.solution.de/survivors
www.emdria.de
www.psychohelp.at

Weiterführende Literatur

Barker, Pat: *Niemandsland, Das Auge in der Tür* und *Die Straße der Geister.* dtv, München 1999–2002.
Everstine, Diana S. / Everstine, Louis: *Krisentherapie.* Klett-Cotta, Stuttgart 1997.
Goleman, Daniel / Griese, Friedrich: *Emotionale Intelligenz.* dtv, München 1997.
Hausmann, Clemens: *Handbuch Notfallpsychologie und Traumabewältigung. Grundlagen, Interventionen, Versorgungsstandards.* Facultas, Wien 2003.
Huber, Michaela: *Trauma und die Folgen.* Junfermann, Paderborn 2003.
Keegan, John: *Das Antlitz des Krieges.* Campus, Frankfurt 1991.
Levine, Peter A. / Frederick, Ann: *Trauma-Heilung. Das Erwachen des Tigers.* Synthesis, Essen 1998.
Lewis, Clive Staples: *Über den Schmerz.* Kösel, München 1978.
Lovett, Joan: *Kleine Wunder. Heilung von Kindheitstraumata mit Hilfe von EMDR.* Junfermann, Paderborn 2000.
Rowe, Dorothy: *Jenseits der Angst.* Die Überwindung destruktiver Gefühle. Heyne, München 1989.
Skynner, Robin / Cleese, John: *... Familie sein dagegen sehr.* Junfermann, Paderborn 1988.
Skynner, Robin / Cleese, John: *Life oder: Wie man sich bettet ...* Junfermann, Paderborn 1995.
Trickett, Shirley: *Endlich wieder angstfrei leben. Selbsthilferatgeber gegen Angst, Depressionen und Panikattacken.* Oesch, Zürich 5. Auflage 2003.
Weekes, Claire: *Selbsthilfe für Ihre Nerven.* Lübbe, Berg.-Gladbach 1986.

Bücher für positive Lebensgestaltung

Shirley Trickett

Endlich wieder angstfrei leben

Selbsthilferatgeber gegen Angst, Depressionen und Panikattacken

5. Auflage 2003
182 Seiten, gebunden, mit Schutzumschlag,
ISBN 3-03 50-0020-4

Angst und Depression können in so schwerwiegender Form auftreten, daß sie ein normales Leben unmöglich machen. Trickett weiß, wie wir uns mit einfachsten Mitteln selbst zu helfen lernen. Gleichzeitig weist sie aber auch darauf hin, wann wir ärztliche Hilfe benötigen, beschreibt offen Wirkung und Nebenwirkungen von Medikamenten – und zeigt Alternativen auf, welche die Naturmedizin bietet.

Oesch Verlag
Jungholzstraße 28, CH-8050 Zürich
Telefax 0041-1/305 70 66
E-Mail: info@oeschverlag.ch
www.oeschverlag.ch

Bitte verlangen Sie unser aktuelles Verlagsprogramm direkt beim Verlag
Alle Bücher von Oesch erhalten Sie in Ihrer Buchhandlung